베스트 空手道全書

십수·반월·연비　7

中山正敏 著 / 明在玉 監修
姜泰鼎 譯

서림문화사

베스트 공수도전서

나카야마 마사도시 지음

베스트 공수도전서 ⑦

차 례

나카야마(中山) 공수의 진수   7
책 머리에   9
공수도란?   11
공수도에 있어서의 형(形)   13

제1장 **십수(十手)** ──────────── 19
제2장 **반월(半月)** ──────────── 53
제3장 **연비(燕飛)** ──────────── 99

나카야마(中山) 공수의 진수

오늘날의 공수(空手)는 전세계에 보급되어 많은 동호인들이 수련에 정진하고 있다. 그것은 공수가 무도(武道)로서 뿐만 아니라, 과학적으로 뒷받침된 근대 공수도로서 확립했기 때문이라 할 수 있을 것이다. 나의 사부 나카야마(中山正敏) 선생은 그 근대 공수의 제일인자였다.

선생은 누구나 익힐 수 있는 체육적인 공수, 호신술로서의 공수, 경기(競技)로서의 공수 등 수련하는 사람의 층에 따라 여유 있게 지도할 수 있도록 힘써 왔으며, 우리들은 그런 교육을 받았다. 연습법만 해도 합리적인 방법을 추구해 왔다. 또한 어떤 수련에도 생리학적·운동역학적인 합리성이 중요하다고 해서 공수를 과학적으로 분석한 것이다. 그것이 공수인구를 증가시키는 데 있어서 큰 도움이 되었다고 여겨진다.

공수시합의 룰을 완성한 것도 큰 공적이다. 대련의 시합에 관해서는 포인트 위주의 승부를 마다하고, 일권필살(一拳必殺)이야말로 공수의 진수임을 강조했다. 즉 단보승부의 룰을 만들었다. 그것이 현재의 시합제도가 되고 있는 것이다. 또 체조경기나 뛰어들기경기 등의 채점법도 깊이 연구하고, 거기에서 힌트를 얻어 힘의 강약(强弱), 몸의 완급, 몸의 신축을 기본으로 삼은 형(形)의 시합을 이뤄 놓은 것이다.

선생은 30년 전부터 우수한 지도자를 양성하여 외국에 파견하는 일에도 열심이었다. 처음에는 사막에 물을 뿌리는 것 같은 형편이었지만, 그것이 오늘에 꽃을 피우고 있다. 선생이 배출시킨 지도자들의 노고에 의한 것이다. 선생 자신이 1년에 3개월 내지 반년은 외국에 가서 공수의 보급에 힘써 왔다. 선생은 특히 외국에 가기만 하면 생기가 돌았다. 그것은 참으로 이상할 정도였다. 병이 나서 선생의 몸을 걱정해 "적당히 하세요"하고 만류하면 "나의 즐거움을 빼앗을 셈인가"고 도리어 책망하기 일쑤였다. 결국 그 같은 노력의 결집이 곧 공수하면 'NAKAYAMA KARATE'라고 할 만큼 불멸의 지위를 쌓아 올린 것이다. 따라서 선생의 저서는 세계 공수가들의 '바이블'로서 절대적 평가를 얻고 있다 해도 과언이 아니다.

공수가 세계에 보급되고서는 공수의 아카데미적인 조직 구성을 착수하기 시작했다. 나라의 안팎을 막론하고, 어떤 조직이건 대립하는 것이 아니다. 기술을 중심으로 제휴해 가자, 기술의 교류를 통해 공수도를 높여 가자는 것이 선생의 이상이었다. 한데, 그것을 완수하기 전에 돌연 세상을 뜨셨다. 나는 다쿠쇼쿠(拓植) 대학 때부터 선생에게서 직접 지도를 받았던 못난 제자이기는 하지만, 선생의 가르침을 계승해야 한다는 생각을 하고 있다.

선생이 가장 중요시했던 것은 이른바 '끝내기'와 '기본'이었다. 끝내기라는 것은 자기가 갖고 있는 힘과 속도를 어떻게 순간적으로 집중시키느냐는 것이다. 그리고 기본을 확실하게 익혀 놓으면 몇 살이 되어도 할 수 있는 것이라고 하며, 기본을 중요시 여겼다. 공수는 재능이나 젊음에 의해 어느 한 시기만 강하다고 하는 것이 아니라 평생을 두고 할 수 있는 것이다. 그래서, 선생은 '끝내기'를 어떻게 완성하는가 하는 것과 '평생공수(平生空手)'라는 것을 큰 목표로 삼고 있었다.

그런 '나카야마 공수'를 전하는 의미에서 이번에 선생의 「베스트 공수」시리즈(全11卷)가 출판되는 것은 참으로 기쁘기 그지없는 일이다. 이 「베스트 공수」는 이미 해외용으로서 세계 7개 국어판으로 출판된 것의 일본어판인데, 풍부한 연속 사진에 의해 공수의 실기를 알기 쉽게 해설하고 있다. '나카야마 공수'의 진수를 아는 데 이 이상의 책은 없다고 믿어 의심치 않는다.

社團法人 日本空手協會 專務理事
庄司 寬

책 머리에

공수도(空手道)는 지난 십 수년 사이 전세계에 급속히 보급되고 있으며, 젊은 학생들은 말할 것 없고, 다수의 대학교수·예술가·실업가·공무원 등 각계 각층의 지도층에까지 매우 광범위하게 확대되고 있다. 구미(歐美)의 대학 등에서 정규 체육과목으로 채택하는 데가 증가하고, 군대나 경찰에도 보급되고 있는 것이 현실이다. 그저 단순한 격투기술로만 습득하는 것이 아니라, 높은 이념에 입각한 동양적인 무도로 추구함으로써 정신의 양식을 삼으려는 노력은 여간 기쁜 일이 아니다.

그러나 한편 이것이 공수인가 하고 고개를 갸웃거리게 하는 치고 막기나, 차고 막기의 폭력공수, 또는 머리와 손과 발로 물건을 빠개는 공수 쇼라는 것도 나타나고, 복싱에 차기를 가미한 것만으로, 이것이 공수의 시합으로서 판을 치고 있는 일면은 참으로 어처구니없는 일이다. 또 중국의 권법이나 오키나와(沖繩)의 고무술도 일본적으로 완성된 공수도와 동일시하는 경향이 있는 것도 유감스러운 일이다. 공수도에는 오랜 세월 동안에 완성된 격조 높은 여러 가지의 형(形)이 있고, 그 형 자체에 포함되는 공방의 기본기를 유효하게 활용하기 위한 정신적인 요소가 중요하다.

공수는 몸에 전혀 무기를 지니지 않고 일권일축(一拳一蹴), 순간에 적을 쓰러뜨리는 오키나와의 고무술에서 발전한 것이다. 기술보다도 심술(心術)에 무게를 두고, 평소는 예양(礼讓) 속에 체력을 단련하며, 정의를 위해 전력을 다해 싸우는 것이 진정한 공수도이다. 후나고시(船越) 선생이 가르친 대로, 안으로 부앙천지(俯仰天地)에 부끄럽지 않은 마음을 닦고, 밖으로는 맹수도 습복(慴伏)시키는 위력이 있어야 한다. 마음도 기량면(技兩面)을 겸해야 완전한 공수도라고 할 수 있다.

체육의 호신(護身)으로서 육성되고 발전했던 공수도는 체조 시합적(試合的) 스포츠 공수로서의 새 분야로 개발, 활성화되고 있다. 그러나, 다만 시합에 이기는 것에 급급한 나머지 기본기를 충분히 구사하지 못하거나, 순서에 따른 연습도 하지 않고 함부로 자유대련 또는 대결에만 치우치기 때문에 공수 특유의 날카롭고 시원스러운 강한 위력감의 지르기나 차기 등이 모자라고, 따라서 기본기 자체도 자칫 시합을 위한 요령 본위의 연습이 되기 십상이다. 선수가 되고 싶다, 선수를 빨리 키우고 싶다는 열의는 이해할 만하나, 이는 선수나 지도자 다같이 크게 반성할 점이라 여겨진다. "바쁘면 돌아가라"는 속담처럼 한걸음씩 착실하게 올바른 기본기의 습득에 힘써야 할 것이다.

시간적으로 얼마간 빨리 자유대련에 익숙해지고 시합요령을 어느 정도 파악했어도, 어떻든 묵묵히 착실하게 연습한 사람을 능가하기는 어렵다. 최근 시합에 이긴다는 것에 집착한 나머지 기본기의 진지한 단련에서 얻어지는 기백과 위력이 똑같이 떨어지고, 또 함부로 용맹스러움을 과시해, 공수도인으로서의 가장 소중한 예절마저도 잃어가고 있는 사람들을 간혹 볼 때마다 한편 서글픈 감정에 빠지곤 한다.

이런 생각에서 나의 45년 간에 걸친 공수도 수행의 경험을 충분히 살리고, 기본기를 분석하고, 체계화하고, 또한 사진을 위주로 복잡한 몸놀림을 쉽게 이해할 수 있을 만한 근대적인 텍스트를 동호인들에게 선물할 것을 생각해 왔다. 그 염원을 이룬 것이 「공수도 신교정(空手道新敎程)」이다. 그런데 그것을 이번에 많은 동호인들의 요망에 부응하여 공수도의 전반이 보다 구체적으로, 보다 쉽게 익힐 수 있도록 다시 원고를 썼다. 동호인 여러분들의 욕구에 충족될 수 있기를 기대해 마지않는다.

著者 中山正敏

■ 공수도란?

- 승패를 궁극의 목적으로 삼는 무술이 아니라, 유형무형의 시련을 이겨내고 연마한 땀 속에서 인격완성을 꾀하려는 것이다.
- 도수공권(徒手空拳), 손과 다리를 조직적으로 단련하여 마치 무기와 같은 위력을 발휘시켜, 그 일돌일축(一突一蹴), 능히 불시의 적을 제압하는 호신술이다.
- 사지오체(四肢五体)를 전후·좌우·상하로 균등하게 움직이고, 또한 굽혀펴기·도약·평형 등의 모든 동작을 숙달하는 신체활동이다.
- 의지력에 의해 잘 제어된 기술을 사용하고, 정확하게 목표를 포착하여 순식간에 최대의 충격력을 폭발시켜서 기술을 서로 겨루는 격투기이다.(목표를 인체 급소의 바로 앞에 가정한다.)

■ 공수도 기술의 본질

공수도 기술의 본질은 기술을 끝내기하는 것이다. 적절한 기술을 목표로 삼는 부위로, 최단시간에 최대한의 충격력으로 폭발시키는 것이며, 이것을 끝내기라고 한다. 옛날에는 무시무시한 표현으로 일권필살(一拳必殺)이라는 말로 쓰였다. 진지하게 볏짚 묶음을 상대로, 단련에 이은 단련의 매일이었다. 끝내기는 지르기·치기·차기는 말할 것 없고, 막기에도 빼놓을 수 없는 요소이다. 끝내기가 없는 기술은 아무리 움직임이 공수와 비슷해도 절대로 공수라고는 할 수 없다. 공수의 시합에서도 예외가 아니다.

바로 앞 그치기(寸前中止)라는 말이 있다. 목표 바로 앞에서 기술을 그친다는 뜻이다. 겨루기의 시합에서는 대전(対戦) 상대에게 맞히는 것은 위험 방지를 위해 반칙으로 삼고 있다. 하지만 여기에 문제가 있다. 그친다는 것과 끝내기한다는 것은 매우 달라서, 하늘과 땅만큼의 차이가 있다. 목표 직전에서 단지 기술의 움직임을 그치면 되는 것이라면 공수의 본질에서 벗어난다. 목표 바로 앞에서 그친다는 생각이 아니라, 목표를 육체의 급소 바로 앞에 설정하고, 거기에 컨트롤 좋게 최대의 충격력을 폭발시켜서 포인트를 얻어 승패를 겨루는 것이다.

그러기 위해서는 평소의 진지한 수련과 단련이 중요해, 신체의 전부를 무기화하고, 각각의 무기를 뜻대로 움직일 수 있게 하는 자기제어가 필요하며, 남에게 이기기 전에 자기를 이기는 것이 중요하다.

공수도에 있어서의 형(形)

어느 형이나 모두 막는 쪽에서 시작하고 있다. 이것은 "공수에는 선수(先手)가 없다"는 정신을 단적으로 표현하는 것이다. 이 훈계는 공수도를 한마디로 다 말했다고 단언할 수 있다. 예부터 공수는 군자의 무술로 일컬어, 적의 공격을 받고서야 비로소 만부득이하게 맹훈련한 손과 다리를 갖고 대응하는 것으로, 늘 겸손한 마음과 온화한 태도로 사람을 접해야 한다는 가르침이다. 마음과 기술, 안팎을 겸비해야만 참다운 공수도라고 할 수 있다.

형이란?

형은 막기·지르기·차기의 기본기를 합리적으로 조직 구성한 것이며, 사방팔방에 적을 가상하고, 정해진 연무선(演武線)을 전진 후퇴하거나 전신(転身)하면서 연무하는 것이다. 일거수일투족, 모두가 공방무기(武技)의 음수이고, 무의미한 동작은 하나도 없다. 예부터 공수의 수련은 형을 중심으로 삼아 행하여지고, 그 각각의 형은 옛 명인들이 오랜 동안의 수련과 귀중한 체험에 의해 짜내고 심혈을 기울여 완성한 것이다.

현재 전해지고 있는 종류는 무릇 50여 종이나 되는데, 아주 오랜 전통을 갖고 있는 것, 비교적 새로운 시대에 완성된 것, 또는 중세에서 근세에 걸쳐 중국에서 전해진 것으로 간주되는 것도 있다. 간단한 것, 복잡한 것, 긴 것, 짧은 것 등 여러 가지가 있으며, 모두 제각기의 특징을 갖고 있으나, 크게 두 가지로 나눌 수 있다. 하나는 소박중후(素朴重厚)하고 웅대한 느낌이 드는 것으로, 체력을 단련하고 근골을 단련하는 데에 적합한 것, 또 하나는 준민비연(俊敏飛燕)과 같은 느낌이 드는 것으로, 경첩기민(軽捷機敏)한 빠른 기술을 습득하는 데에 적합한 것이다.

형에 숙달함으로써 저절로 일신의 위급에 임해서 응변(応変)할 수 있는 호신(護身)의 기술을 터득하게 된다. 게다가 형 자체가 완전한 전신운동이며, 굽혀펴기・도약・평균운동 등의 온갖 요소를 포함하고 있기 때문에 체육상 이상적인 운동으로 일컬어지고 있다. 형은 자신의 체력에 따라 진지하게 배울 수 있고, 단시간이건 장시간이건, 단독이건 집단이건간에 연습할 수 있는 특색을 갖고 있으므로, 노소남녀를 막론하고 또 어떤 환경에 있어도 이 길에 정진할 수 있다.

형을 잘 연무하기 위한 마음의 준비

■ 예(礼)와 태도

예로 시작해서 예로 끝난다. 형을 연무하는 전후에는 반드시 한번 가볍게 인사를 한다. 양측 발뒤꿈치를 합친 모아서기로, 두 손바닥은 가볍게 대퇴에 접하도록 하고, 자연스럽게 바른 자세로 몸을 약간 앞으로 굽혀서 예를 한다. 눈은 정면을 주시하고, 형식만의 것이 아니라 자세를 올바르게 예양・예절을 아는 마음에서의 예가 아니면 안 된다. 스승 후나고시 선생은 공수도를 수련하는 사람은 첫번째로 예의를 중요시해야 한다, 예의를 잃은 공수는 이미 공수도의 정신을 잃고 있다, 예의는 단지 수련 때만 아니라 행주좌와(行住坐臥) 어떤 경우에도 중요시해야 한다는 말을 하고 있다. 또 어떤 장소에서 연무하더라도 겸양하는 마음과 온화한 태도와 두려워하는 일 없이 당당한 태도여야 한다. 괜히 비굴해지거나 뽐내보기도 하는 것은 당치 않은 일이다. 단단하면서도 부드럽고, 부드러우면서도 단단한 유즉화(柔即和), 강즉화(剛即和), 이를테면 유강은 언제나 화로 귀일한다. 예의・예양・예절은 공수도 수련의 제일의(第一義)이다.

■ 겨누기와 마음의 자세 (준비와 바로잡기)

연무선의 중앙 한복판에서 예를 하면, 조용히 좌족부터 먼저, 다음에 우족을 좌우로 벌리고(중앙 좌측 끝에서 예를 하면 좌족은 그대로, 우족을 우측으로 벌리고) 팔자서기 자연체가 되고, 준비자세를 취하여 겨눈다. 또 발 모아서기로 겨눌 경우에는 그대로 발끝을 합친다. 겨눔이 있어도 겨눔이 없다고 말하는 것처럼 의식과잉(意識過剩), 딱딱하게 힘을 준 겨누기는 순간적으로 적절한 동작을 할 수 없다.

　어깨・무릎관절의 힘은 빼고, 곧바로 어떤 변화에도 대응할 수 있도록 신속히 움직일 수 있는 릴랙스한 대련이 필요하다. 다만 아랫배는 죄고, 이른바 단전에 힘을 주고 조용히 호흡을 가다듬어 마음을 진정시켜 기력・체력의 충실을 꾀하는 것이 극히 중요하다. 이와 같이 형의 마지막 거동을 끝내도 바로 힘을 빼어 진정하지 못하는 것은 절대 삼가야 한다. 잠시의 방심도 없이 언제든지 돌발적인 변화에 응할 수 있도록 기력을 충실케 하고, 조용히 처음의 준비자세로 되돌아가는 것이 중요하다. 매사는 모두 끝이 중요하다. 도중이 아무리 훌륭해도 마지막 결말이 흐트러지게 되면 아무 소용이 없다. 예부터 일본 무도에서는 적의 반격에 대비하는 마음의 준비가 중요시되고 있다. 공수도 수행자는 실기수련에서는 말할 것 없고, 일상생활에 있어서도 다음에 대비하는 마음의 준비가 반드시 필요함을 명기(銘記)해야 한다.

형을 연무하자면

■ 순서는 올바르게 틀리지 않도록 한다
　형에 따라 20거동 40거동이라는 식으로 동작의 수가 정해져 있다. 그 거동을 순번으로 연무하는 것이다. 순번이 틀리는 것은 의미가 없다.
■ 연무선을 정확히 진퇴하도록 한다
　형을 연무하기 위해 필요한 전후・좌우에의 진퇴 전신(転身)을 나타내는 노선을 연무선이라고 하고, 연무개시의 위치에서 출발해 정해진 노선을 이동하여 종료 위치에 도착하는데, 개시・종착 위치는 반드시 동일점이 되고 있다. 미숙해서 발의 위치가 틀리거나 보폭이 정확하지 않으면 동일점에 되돌아오지 못한다. 정성들여 연습할 필요가 있다.
■ 각 거동・동작의 의미를 명확히 이해하고 표현하도록 한다
　형 안에 있는 일거수일투족은 모두 공방의 동작이다. 하나의 형에는

많은 공방기술이 담겨져 있으므로, 각각에 대하여 제대로 하려고 하는 의미를 명확히 이해하고, 형대로 표현하지 않아서는 효과가 나지 않는다.

■ 목표를 올바르게 파악하도록 한다

어디에서 어떻게 공격을 당하고 있는 것인지, 어디를 목표로 반격하는 것인지, 그 목표를 올바르게 파악하는 것이 극히 중요하다. 따라서 언제나 목표에서 눈을 떼면 안 되고, 다음 목표에 정확히 눈을 돌리는 것이 필요하다.

■ 형의 특징을 살려 연무하도록 한다

형 안의 각 거동의 의미를 부분적으로 명확히 이해하는 것과 같이, 그 형 전반의 특징을 살려 연무해야 한다.

각각의 형의 특징을 파악하고, 어떤 형은 웅대하게, 어떤 것은 경묘(輕妙)하게 한다.

■ 형에는 시작에서 끝까지 피를 통하도록 한다

개시에서 종료까지 한 거동 한 동작은 서로가 관련되어 있다. 각 공방의 동작이 외따로 독립해 있는 것이 아니므로, 각 기술의 종료는 제각기 다음 기술에 이어지고 있는 것이다. 한번 형을 연무하기 시작하면 마지막까지 하나의 흐름을 만들고, 피를 통하게 해야 한다.

■ 형에 리듬을 주는 세 가지 요체(要諦)를 잊지 않도록 한다

뛰어난 무도, 스포츠 실기는 매우 리드미컬하고 아름답다. 리듬이 없으면 미(美)는 생겨나지 않고, 단순한 리듬이면 상대에게 이용당하고 만다. 형의 미와 힘, 리듬은 '힘의 강약' '기술의 완급' '몸의 신축'에서 생겨난다. 이 세 가지 요체는 형을 연무하는 데에 절대 필요한 것이다.

함부로 너무 힘을 주거나, 무턱대고 빨리 연무해도 절대로 참다운 강함, 능란함은 생겨나지 않는다. 힘을 주어야 할 곳에 힘을 주고, 빼야 할 곳은 빼는 요령을 터득해야 한다. 빨리 해야 하는 곳을 느리게 연무하는 것은 리듬을 흐트리고 만다.

형의 수칙(守則)

① 효과를 서둘러 너무 성급하면 안 된다.
② 열중하기 쉽고, 차가워지기 쉬운 것은 금물이다.
③ 노력의 축적이 필요하다.
④ 싫증내지 말고, 일정시간 연습을 계속하는 것이 중요하다.
⑤ 잘하고 잘못하는 것이 있어도, 잘못하는 형을 버리고 돌아보지 않는 것은 좋지 않다. 잘못하기 때문에 더욱 연습을 거듭해야 한다.
⑥ 형과 대련의 상호관계를 고려하면서 연습한다.

십수(十手)

겨누기

두 팔꿈치를 굽히고, 우권에 왼손바닥을 가볍게 덮고, 턱 앞(20cm)에 겨눈다.

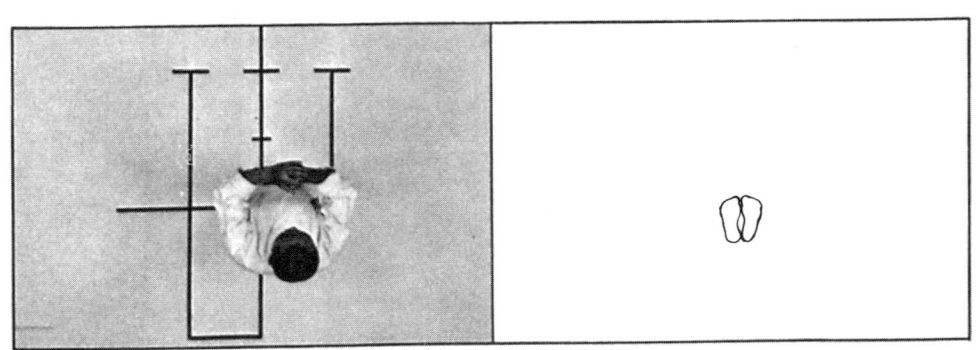

겨누기

1

오른손목등 중단 눌러막기 / 좌권 좌측 허리
우 전굴자세

왼손바닥을 일단 앞쪽으로 내고, 세로로 돌려서 밑으로, 우권은 벌려 가슴에서 턱 앞, 앞쪽으로 세로로 돌린다. 오른손바닥은 다섯 손가락을 얕게 굽히고, 손목을 충분히 굽힌다(등 아래쪽 향하기).

1. 오른손목등 중단 눌러막기

2. 오른손바닥밑 하단 눌러막기 / 왼손바닥밑 중단 올려막기
좌 전굴자세

오른손바닥밑을 뒤집으면서 밑으로(등 위쪽 향하기). 좌우 손의 벌리기는 어깨 넓이. 1, 2거동 모두 천천히 차츰 힘을 준다.

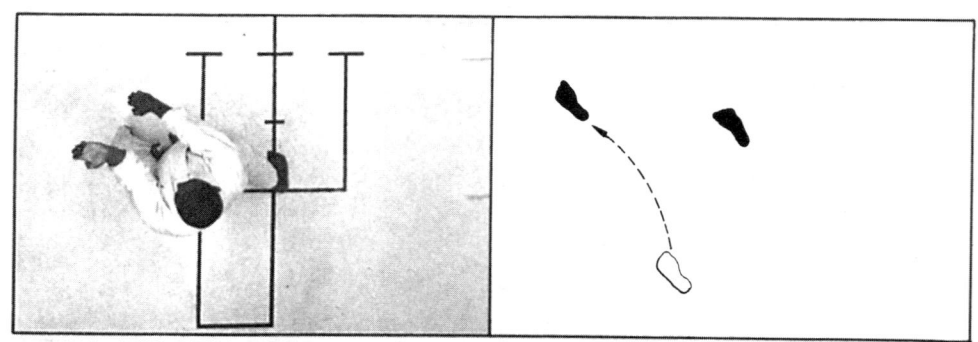

2. 오른손바닥밑 하단 눌러막기

3. 왼손바닥 중단 눌러막기 (등 위쪽 향하기)
발은 그대로

얼굴을 우측으로 돌리는 것과 동시에 오른손은 그대로, 좌측 앞팔을 팔꿈치의 위치 그대로인 채 우측으로 넘긴다. 좌측 앞팔은 명치 앞에서 흉부(胸部)와 평행. 좌측 집게손가락이 오른팔꿈치 앞으로 가볍게 접한다.

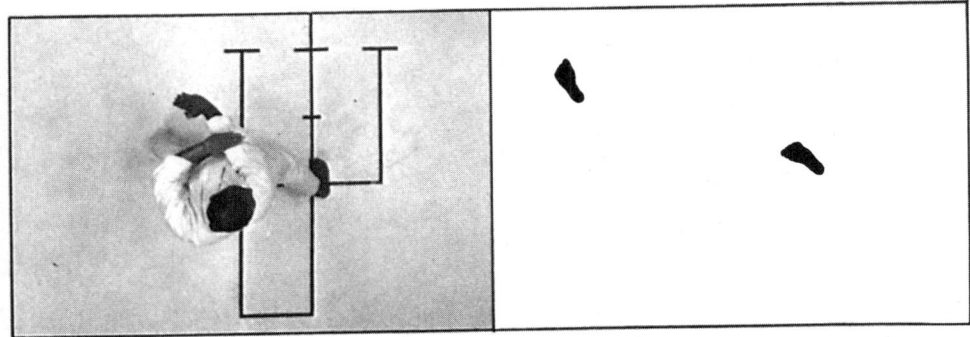

3. 왼손바닥 중단 눌러막기

4 오른손바닥 손목우측 중단 걸쳐서막기
좌권 좌측 허리 / 기마자세

반 걸음 우측으로 보내기 발. 오른손바닥은 등 아래쪽 향하기.

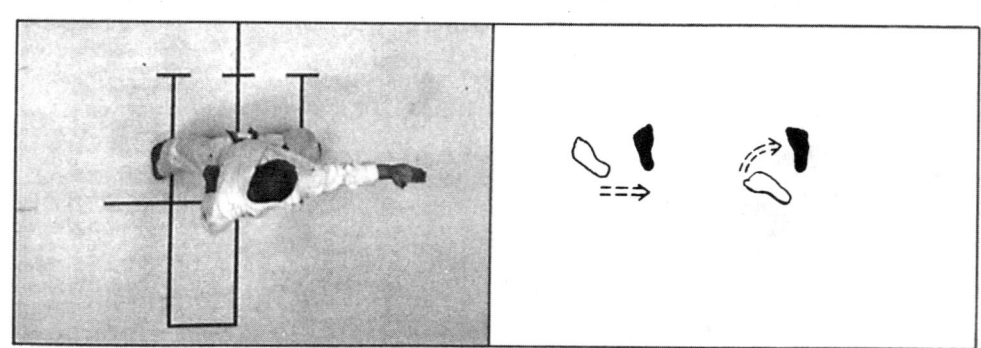

4. 오른손바닥 손목우측 중단 걸쳐서막기

5 오른손바닥밑 우측 중단 옆치기
좌권 좌측 허리 / 기마자세

좌족을 반 걸음 우측으로 끌어당기면서, 좌측의 축이 되는 발로 허리를 좌회전. 오른손바닥은 팔꿈치를 약간 굽힌다(등 우측 향하기). 오른팔은 허리의 회전에 맞춘다.

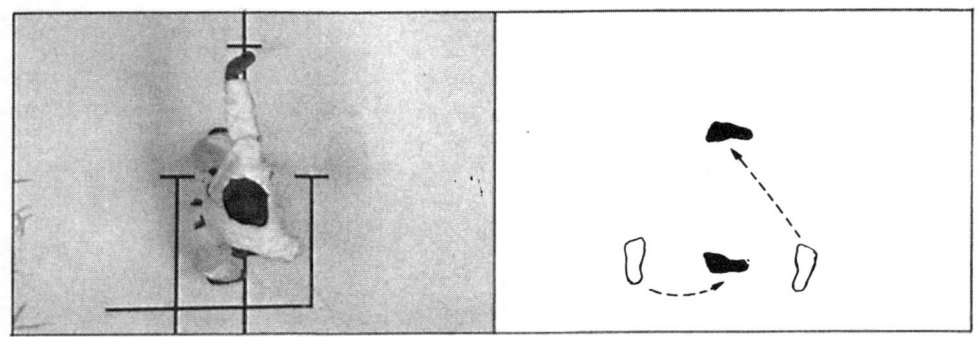

5. 오른손바닥밑 우측 중단 옆치기

6. 왼손바닥밑 좌측 중단 옆치기
우권 우측 허리 / 기마자세

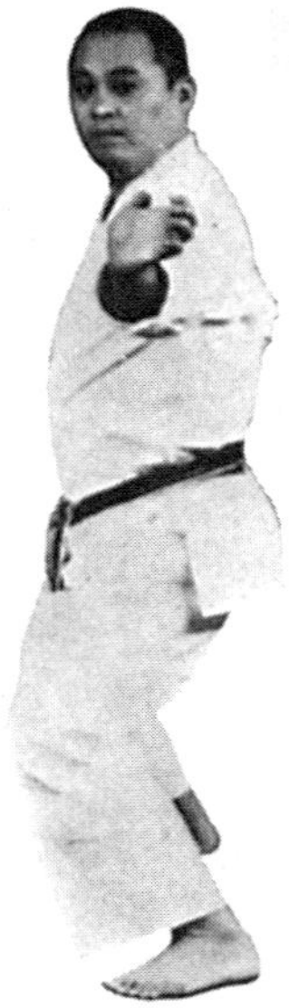

우족 축으로 우회전. 왼손바닥 등 좌측 향하기.

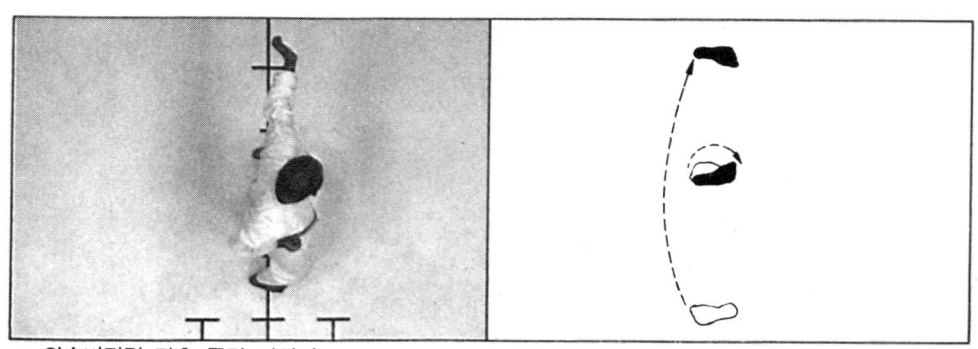

6. 왼손바닥밑 좌측 중단 옆치기

7. 오른손바닥밑 우측 중단 옆치기
좌권 좌측 허리 / 기마자세

좌족 축으로 허리를 좌회전.

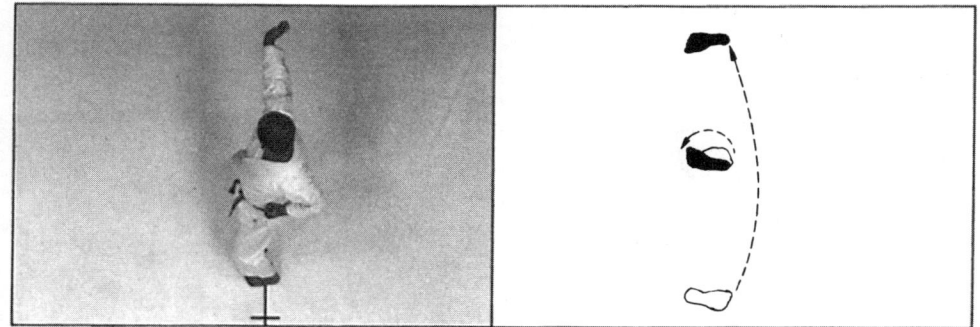

7. 오른손바닥밑 우측 중단 옆치기

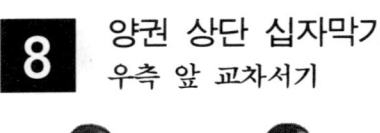

8 양권 상단 십자막기
우측 앞 교차서기

십자막기는 우측 손목 앞.

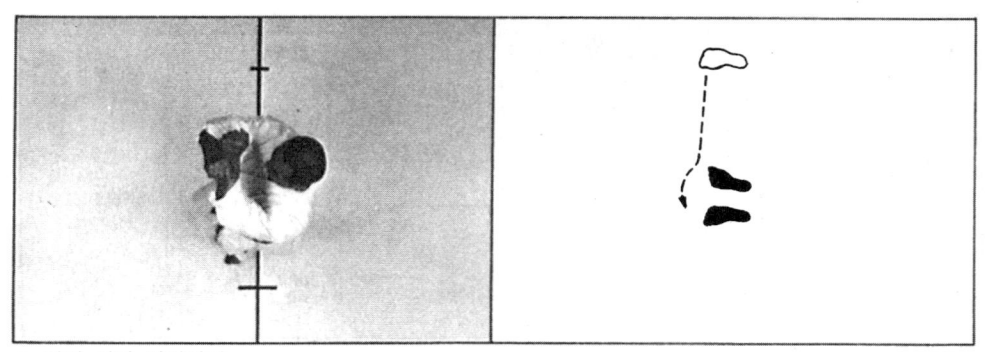

8. 양권 상단 십자막기

9 양권 양측 하단막기
기마자세

좌측으로 반 걸음 보내기 발. 양쪽 등은 바깥 향하기로 대퇴의 20cm 옆으로.

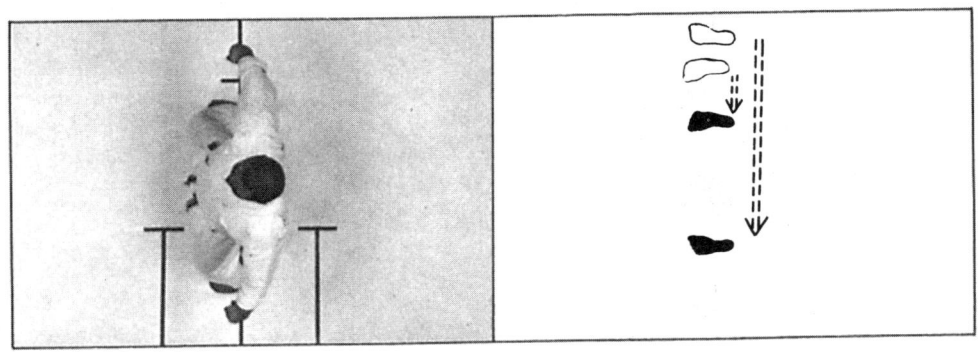

9. 양권 양측 하단막기

 산(山)자막기 (상단 밀어제쳐막기)
기마자세

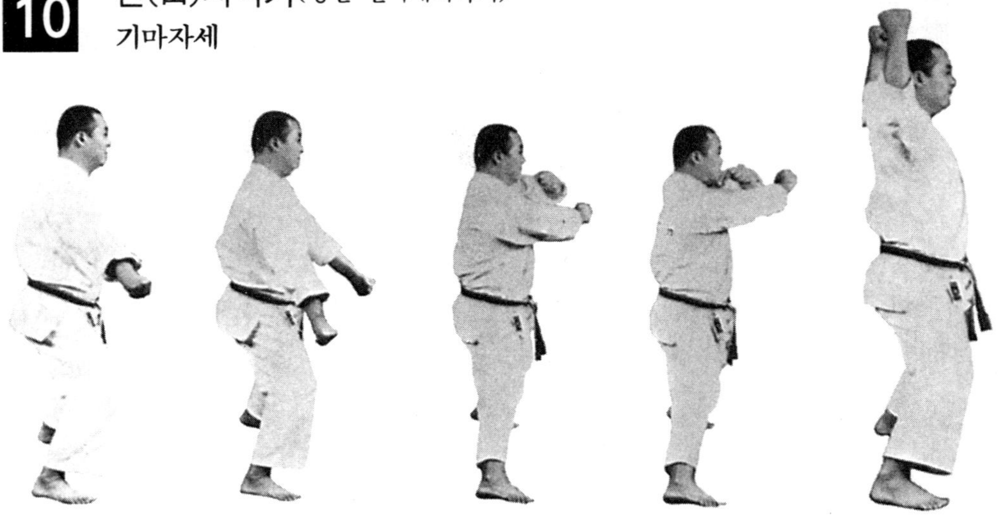

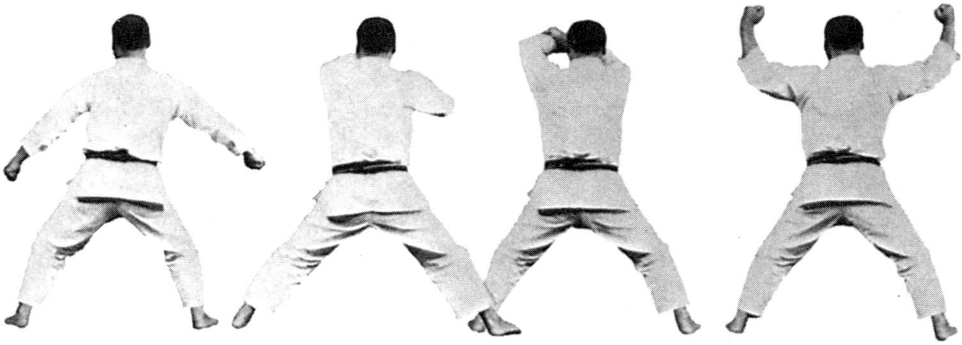

다시 좌측으로 보내기 발. 양권을 가슴 앞에서 교차시키고, 밀어제치면서 좌우를 조금 높게 벌린다. 양쪽 손등 바깥쪽 향하기.

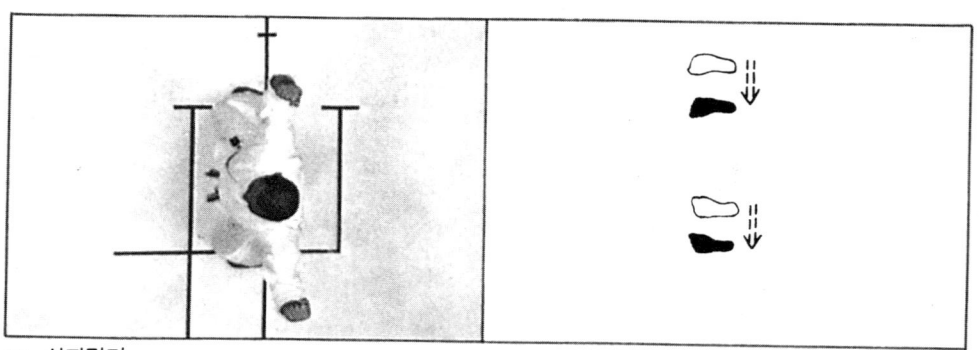

10. 산자막기

11. 좌권 손목 상단 내려치기
좌족 내딛고 기마자세

산 겨누기의 자세를 그대로 흐트리지 말고 얼굴을 우측으로 돌려, 우족 축으로 허리를 우회전.

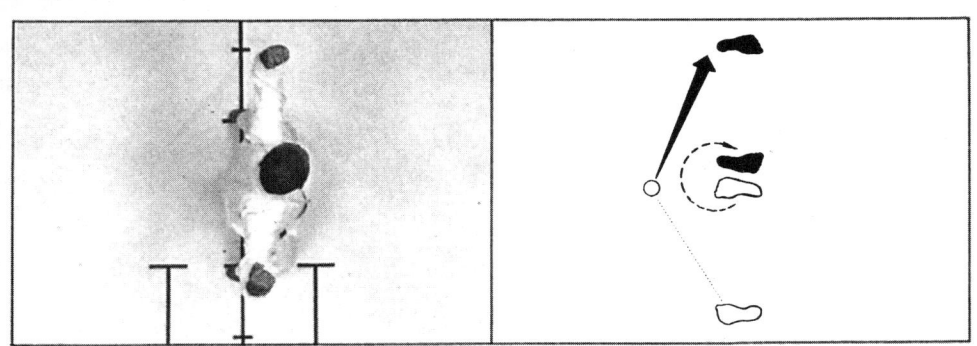

11. 좌권 손목 상단 내려치기

12 우권 손목 상단 내려치기
우족 내딛고 기마자세

허리를 좌회전.

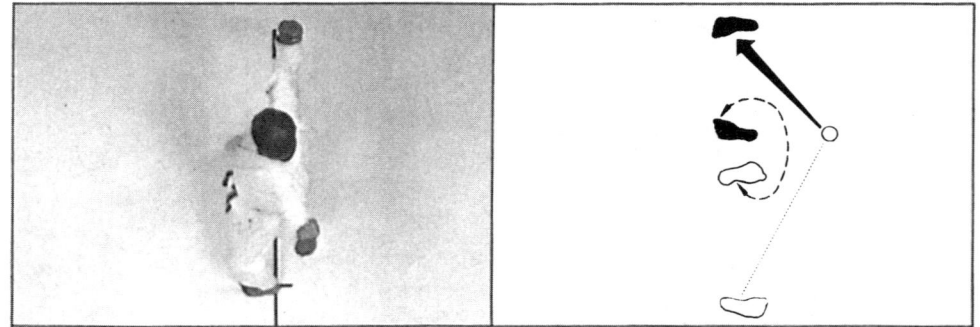

12. 우권 손목 상단 내려치기

13. 좌권 손목 상단 내려치기
좌족 내딛고 기마자세

야!

허리를 우회전. 11, 12, 13거동은 산 겨누기의 자세 그대로 흐트리지 말고, 허리의 회전에 맞춰 방향을 바꾼다. 이 때 얼굴은 진행 방향을 향한다.

13. 좌권 손목 상단 내려치기

14. 양권을 몸쪽으로 하단막기
두 발의 위치 그대로인 채 무릎을 편다

두 발의 위치 그대로인 채 양쪽 무릎을 가볍게 펴고, 조용히 힘을 빼면서 밀어제친다.

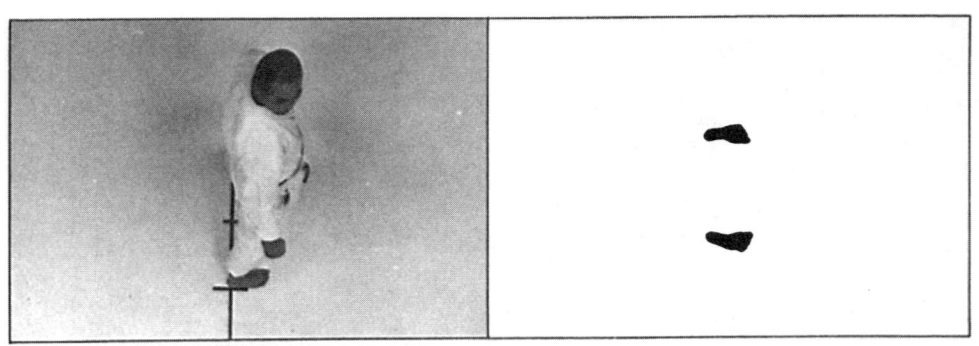

14. 양권 몸쪽으로 하단막기

15 우 수도 상단막기 / 좌권 좌측 허리
우 전굴자세

얼굴은 우측으로 돌리고, 오른손바닥을 우측 비스듬히 위로 홱하니 겨눈다. 오른손바닥은 팔꿈치를 약간 굽힌다(등 비스듬히 바깥쪽 향하기).

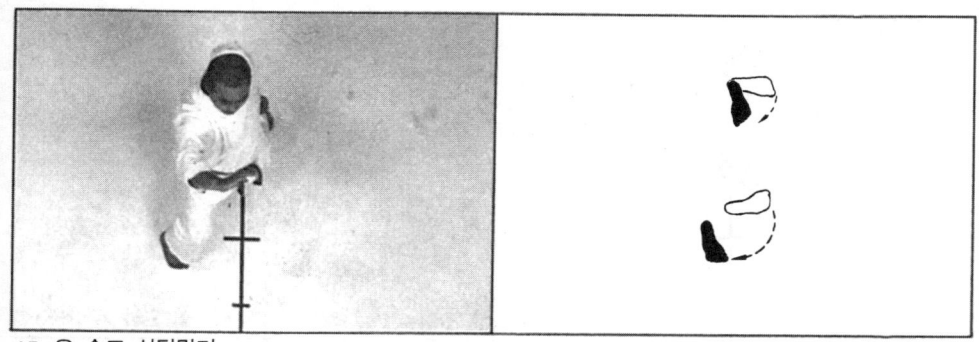

15. 우 수도 상단막기

제1장 십수 35

16. 양손바닥 아구막기
우 전굴자세 / 오른쪽 팔꿈치는 약간 굽힌다

상체를 약간 우측으로 비틀어 오른손바닥을 하단에 내리고(무릎 위 20cm), 오른손바닥이 있었던 위치로 왼손바닥을 밀어낸다. 양손바닥 모두 아구를 정면 향하기로 상하 일직선에 나란히 한다.

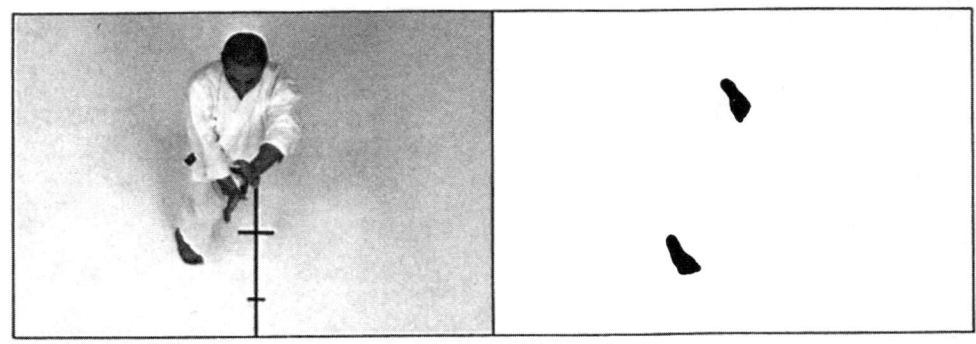

16. 양손바닥 아구막기

17 a 오른손바닥 우측 어깨위 / 왼손바닥 우측 겨드랑이
우족서기(좌족 우측 무릎앞에 곁들인다)

허리를 우회전. 좌족은 높이 올린다. 오른손바닥 등 뒤쪽 향하기. 왼손바닥 등 앞쪽 향하기.

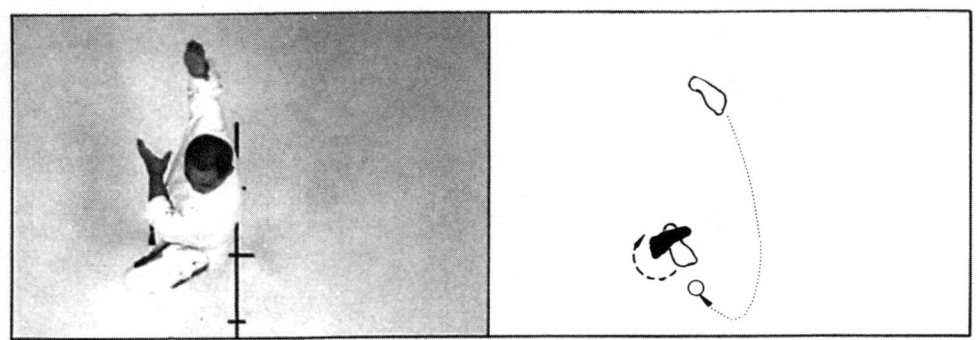

17a. 오른손바닥 우측 어깨위

17 오른손바닥 상단 아구막기 / 왼손바닥 하단 아구막기
b 좌 전굴자세

좌족을 홱 내딛고 보내기 발, 차츰 힘을 주어 밀어낸다. 양쪽 아구는 앞쪽 향하기로 정면 상하 일직선에 나란히 한다.

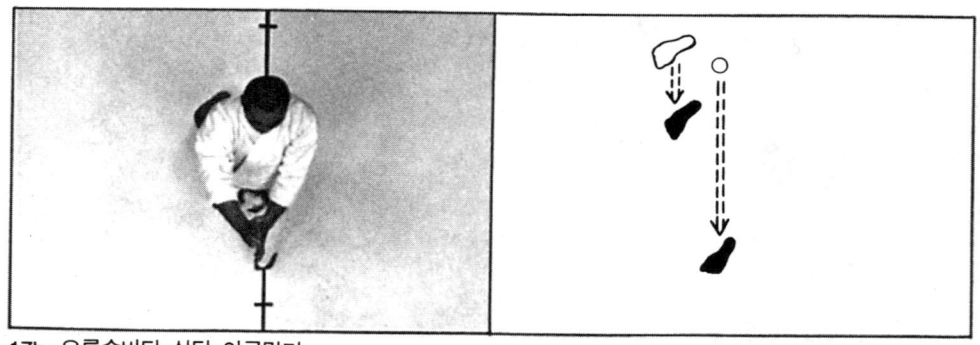

17b. 오른손바닥 상단 아구막기

18a 왼손바닥 좌측 어깨위 / 오른손바닥 좌측 겨드랑이
좌족서기(우족 좌측 무릎앞 곁들이기)

상체를 약간 좌측으로 비튼다. 왼손바닥 등 뒤쪽 향하기. 오른손바닥 등 앞쪽 향하기.

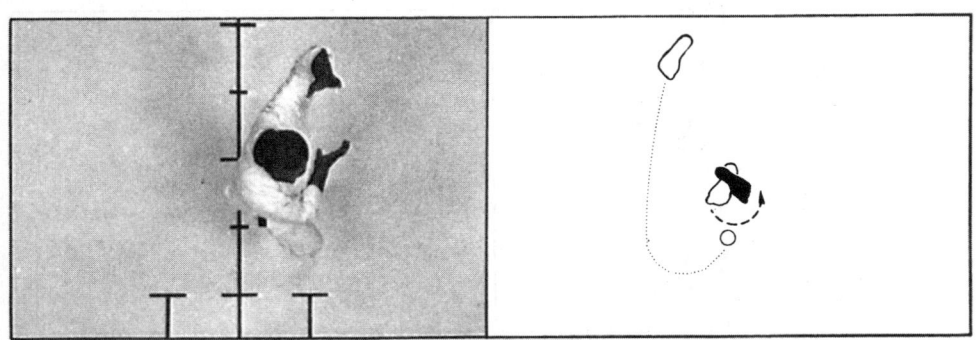

18a. 왼손바닥 좌측 어깨위

18 b 왼손바닥 상단 아구막기 / 오른손바닥 하단 아구막기
우 전굴자세

우족을 내디딜 듯이 보내기 발.

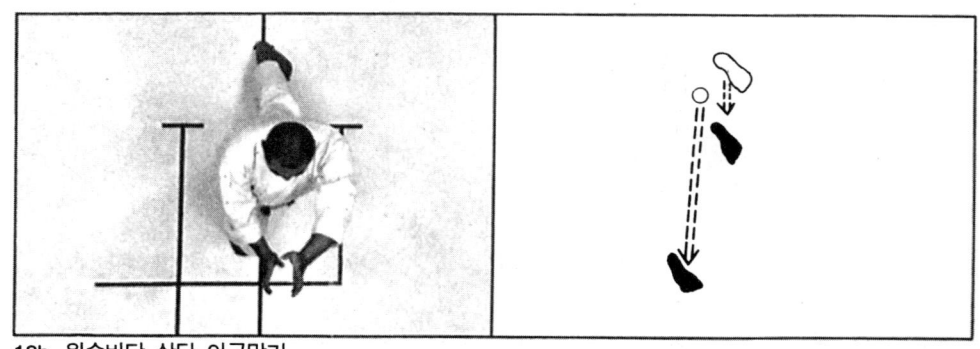

18b. 왼손바닥 상단 아구막기

19. 우권 우측 상단 팔막기 / 좌권 좌측 하단막기
우 후굴자세

우족 축으로 허리를 우회전.

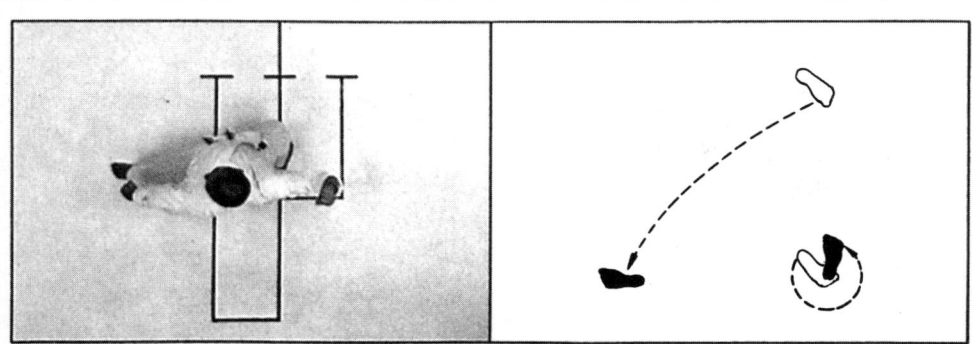

19. 우권 우측 상단 팔막기

20. 좌권 좌측 상단 팔막기 / 우권 우측 하단막기
좌 후굴자세

허리를 우측으로 우전(右転).

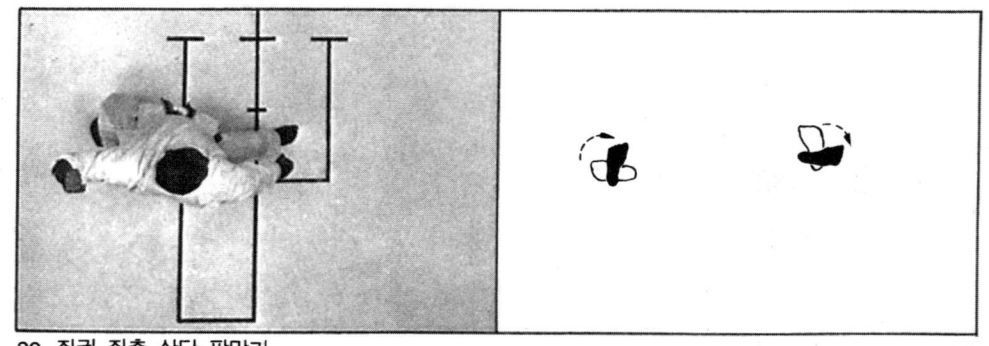

20. 좌권 좌측 상단 팔막기

21 좌권 상단막기
좌 전굴자세

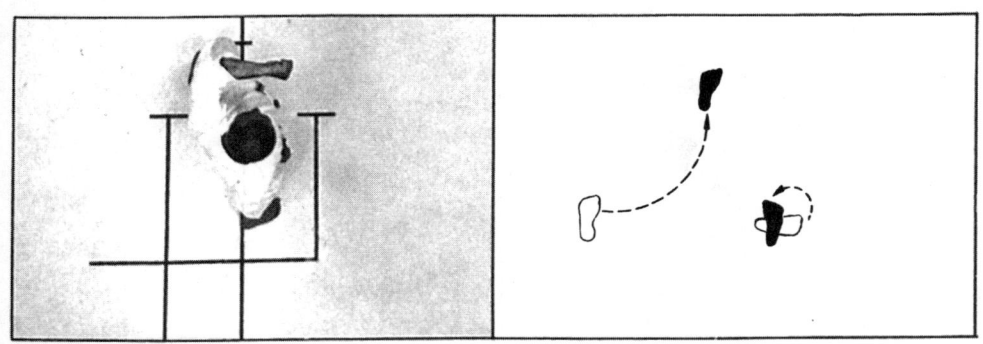

21. 좌권 상단막기

제1장 십수 43

| 22 | 우 상단막기
우 전굴자세

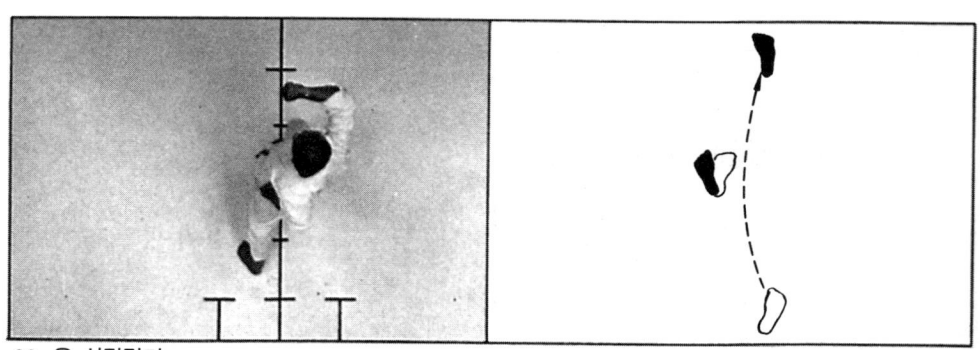

22. 우 상단막기

23. 좌 상단막기
좌 전굴자세

우족 축으로 허리를 좌회전.

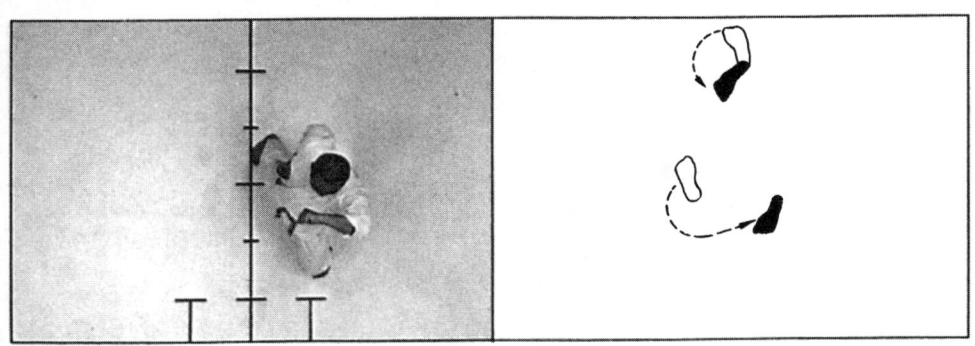

23. 좌 상단막기

24. 우 상단막기
우 전굴자세

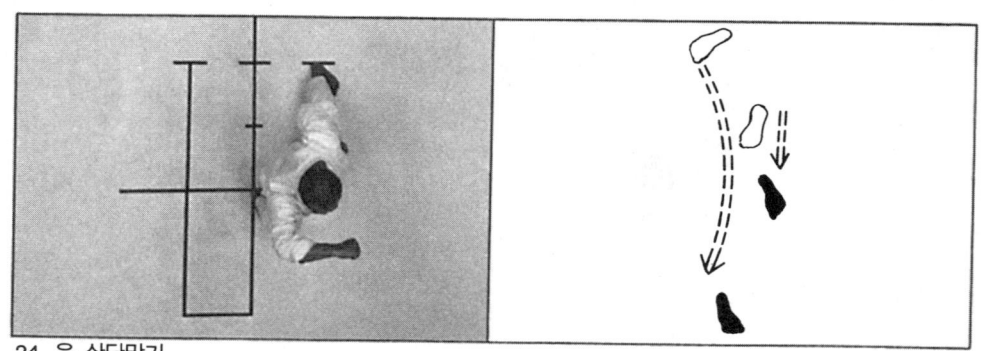

24. 우 상단막기

바로!

우족을 축으로, 좌측으로 회전하면서, 좌족을 우족으로 끌어당겨 겨누기 자세로 되돌아간다.

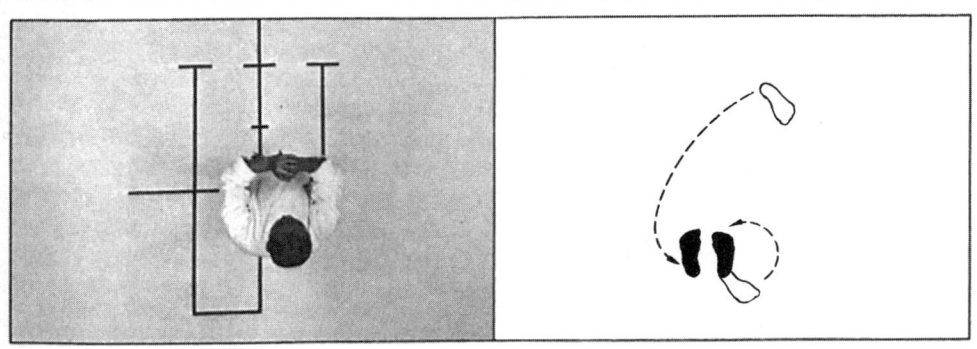

바로

십수의 포인트

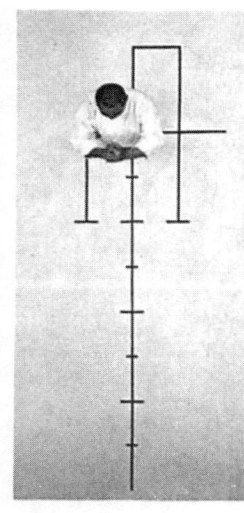

십수(十手) 24거동 약1분

이 형은 근골의 단련에 효과가 있다. 십수란 이 형에 숙달함으로써 10명의 기능을 해낸다는 뜻이다. 무기, 특히 봉(棒)의 공격에 대응하는 당당하고 중후한 형이다. 강한 막기를 필요로 하기 때문에 평안3단의 여러 요소, 특히 허리를 중심으로 삼은 효과적인 힘의 집중 등을 철저하게 터득해 가야 한다. 막은 뒤, 비틀거나, 상대의 관절을 꺾거나, 또는 빼앗거나 할 경우 옆구리의 조이기가 얼마나 중요한가를 이해하고 터득할 수 있다.

십수의 리듬

1 2 3·4 5 6·7 8·9·10 11 12·13 14△15 16 17a 17b
18a·18b 19 20 21 22·23 24△

거동 2: 비스듬히 앞쪽에서 상대가 봉으로 돌진해 왔을 때 같은 경우, 턱 앞에서 크게 세로로 돌려 손목으로 위에서 누른다(거동 1).
오른손바닥을 젖히고, 봉을 잡는 것과 동시에 왼손바닥으로 봉을 밀어올린다. 밀어올리기와 밀어내리기의 타이밍을 맞추는 것이 중요하다(손목은 깊이 직각으로 굽힌다). 오른손바닥 밑으로 밀어내려 상대의 지르기를 막고, 왼손바닥 밑을 밀어올려 상대의 턱에 맞히는 경우도 있다.

제1장 십수 49

십수의 포인트

거동 5-6 : 정면에서 상대가 봉으로 돌진해 왔을 경우, 우측 허리를 돌려서 기마자세가 되고, 오른손바닥 밑으로 측면에서 봉을 후려친다. 다시 오른손바닥으로 잡아 좌족을 앞으로 내고, 반대측면에서 왼손바닥밑으로 후려치는 듯하게 잡는다. 양쪽 손목을 타이밍 좋게 젖히면 상대를 쓰러 뜨릴 수 있다. 허리의 회전에 맞춰서 손바닥 끝을 크게 측면에서 돌리는 것이 중요하다. 또 맞히는 순간, 옆구리를 충분히 꽉 죈다.

거동 8-9

거동 10

거동 12

거동 8-9 : 정면에서 봉으로 공격받았을 경우, 교차서기가 되고 양권을 교차하면서 위로 밀어올리고, 상단십자막기로 막는다. 교차서기의 좌족을 좌측으로 문질러내고, 오른손바닥으로 봉을 잡고 우측으로 뿌리친다 (왼손으로 잡았을 경우에는 우족을 우측으로 문질러낸다).

거동 10 : 정면의 상대가 안면을 질러왔을 때, 양팔을 얼굴 앞에서 교차시켜 오른팔등으로 막는다. 이 때 좌측으로 보내기 발을 한다(좌측에서 막았을 경우에는 반대로 우측으로 보내기 발이 된다).

거동 12 : 안면으로 질러온 봉을 허리 회전에 맞춰 팔을 새끼손가락쪽 손목으로 내려친다. 동시에 무릎을 높이 올리고, 상대의 대퇴 또는 발등으로 내딛는다. 이 때 복부 흉부 두 팔은 한 장의 판자처럼 하여 허리 회전으로 막는다.

십수의 포인트

거동 15-17: 상대가 봉을 머리 위에서 크게 내리쳐 온 것을 우 수도로 막고, 손목을 젖혀 봉을 잡자 오른손을 팔꿈치를 중심으로 밀어내리고, 왼손바닥을 밀어올리면 상대는 관절이 꺾인 꼴이 된다. 그래도 상대가 버틸 경우에는, 오른손을 머리 옆으로 높이 들고, 왼손바닥을 우측 옆구리로 가져오는 것처럼 봉을 휘두르는 듯이 빼앗는다.

〔봉을 막을 경우에도 그렇고, 봉을 빼앗을 경우에도 팔을 크게 휘두르는 것이 아니라, 옆구리를 죄는 것처럼 하는 것이 필요하다. 봉을 빼앗자면 상대의 어깻죽지(신체의 측면) 빠듯하게 돌리는 것을 잊으면 안 된다.〕

2
반월(半月)

겨누기

팔자서기 자연체

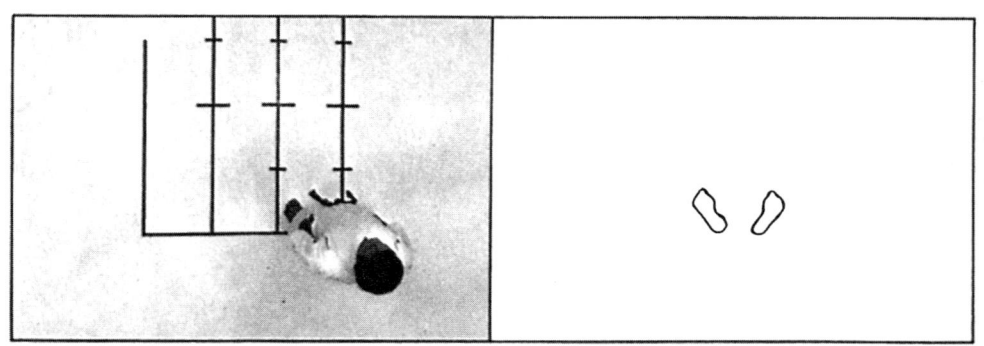

겨누기

1 좌 중단 팔막기
좌측 앞 반월서기자세

좌족을 안쪽에서 반원을 그리면서 문질러내고, 좌권을 오른팔꿈치 밑에서 돌리면서, 천천히 차츰 힘을 준다. 손과 다리를 동시에 끝내기한다.

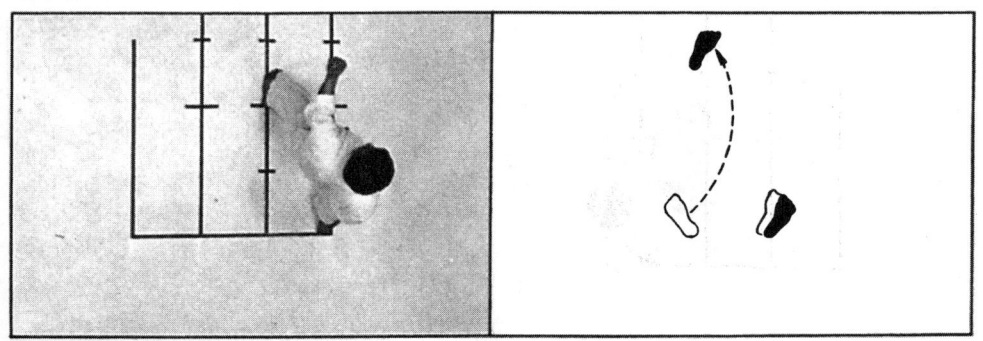

1. 좌 중단 팔막기

제 2 장 반월

2. 우 중단 (역)지르기
좌측 앞 반월서기자세

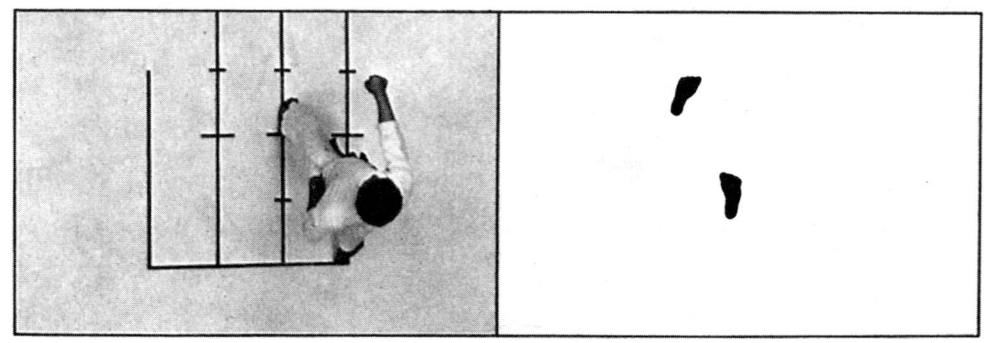

2. 우 중단 (역)지르기

3 우 중단 팔막기
우측 앞 반월서기자세

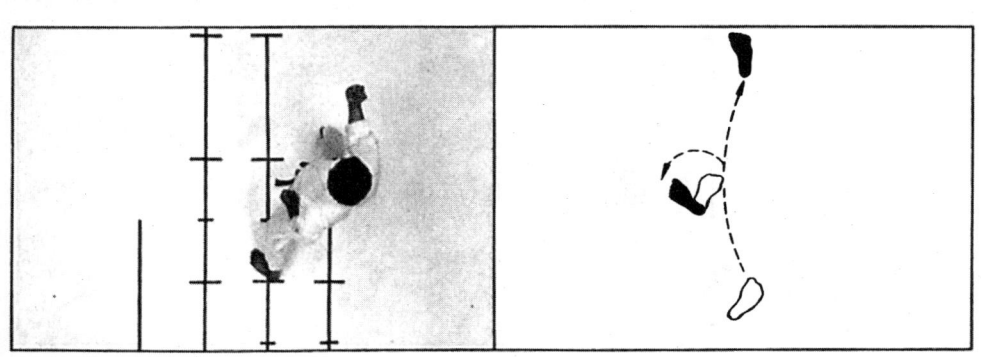

3. 우 중단 팔막기

4. 좌 중단 (역)지르기
발의 위치 그대로

4. 좌 중단 (역)지르기

5. 좌 중단 팔막기
좌측 앞 반월서기자세

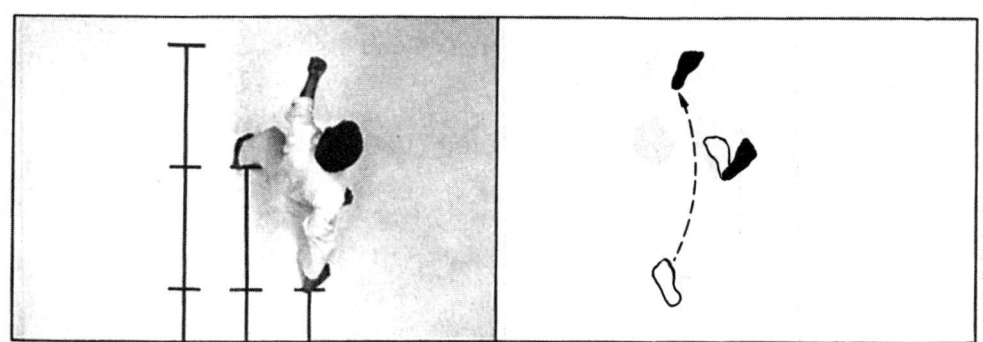

5. 좌 중단 팔막기

6. 우 중단 (역)지르기
발의 위치 그대로

6. 우 중단 (역)지르기

7 양쪽 한주먹 양쪽 유방앞에 겨눈다 (양쪽 등 위쪽 향하기)
발의 위치 그대로

우권으로 집게손가락 한주먹을 만들면서 팔꿈치를 옆으로 펴서 끌어당기고, 좌권 집게손가락 한주먹으로 일단 앞쪽을 쑥 내밀고, 도중에서 좌우 주먹을 합쳐서 되돌린다.

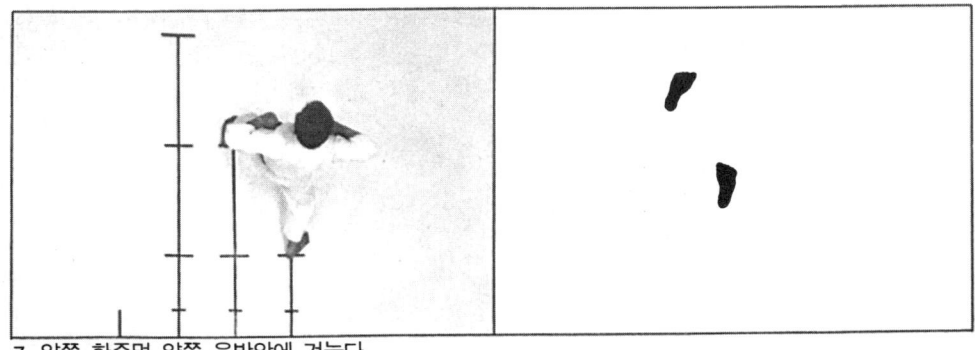

7. 양쪽 한주먹 양쪽 유방앞에 겨눈다

8 양쪽 한주먹 중단 (역)지르기
발의 위치 그대로

8. 양쪽 한주먹 중단 (역)지르기

9 양손바닥 산자막기 (양쪽 손등 바깥쪽 향하기)
발의 위치 그대로

손바닥을 벌리고, 양손바닥을 동시에 양쪽으로 높이 겨눈다. 양쪽 팔꿈치를 어깨 높이로. 좌우의 팔과 중앙의 머리에서 산자(山字)를 만든다.

9. 양손바닥 산자막기

10. 양손바닥 양쪽 하단막기 (양쪽 손등 바깥쪽 향하기)
발의 위치 그대로

양손바닥 밀어제치면서 팔꿈치를 펴고 밑으로 내린다. 1-10거동까지는 모든 동작을 조용하게 천천히. 끝내기할 때에 충분히 힘을 준다.

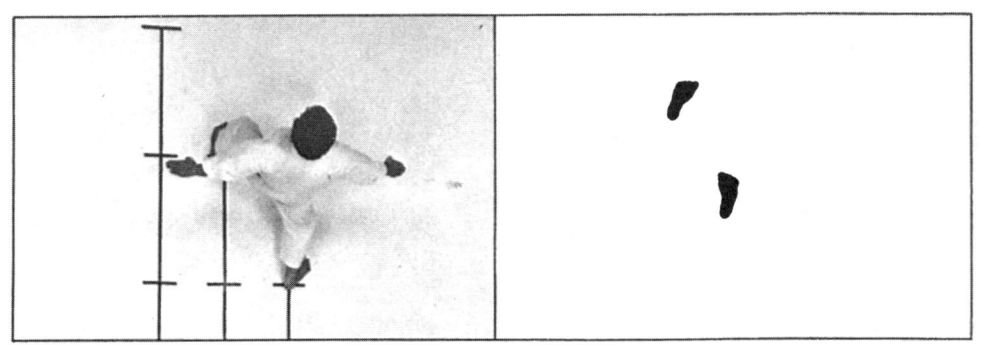

10. 양손바닥 양쪽 하단막기

1. 오른손바닥 중단 팔막기(등 앞 아래쪽 향하기)
왼손바닥 하단막기(등 앞 위쪽 향하기)
즉 앞 반월서기자세   －민속하게－

야!

우족을 한 발 내디디면서, 좌측 다리를 축으로 허리를 좌회전, 뒤로 돌아다본다. 오른손바닥은 앞팔을 젖혀 왼팔꿈치 밑에서 위로. 왼손바닥은 우측 어깨 앞에서 밑으로. ※양손바닥은 집게손가락만 펴고, 다른 손가락은 얕게 굽힌다.

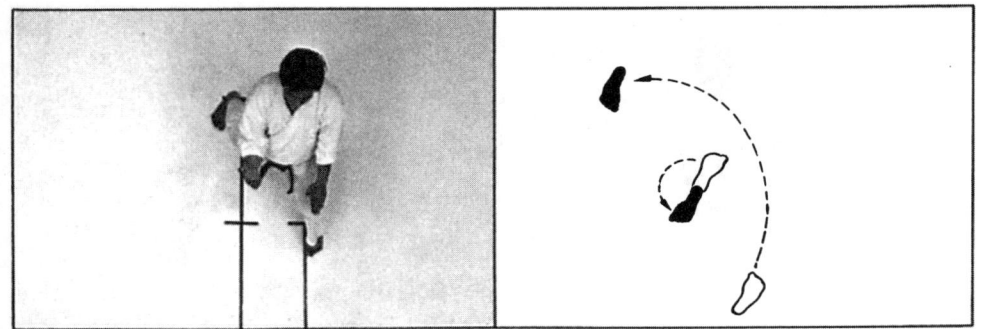

11. 오른손바닥 중단 팔막기

제2장 반월

12 오른손바닥 아구막기 (등 위쪽 향하기, 아구를 벌린다)
왼손바닥 그대로

오른팔꿈치를 약간 우측 겨드랑이로 당기면서, 오른손목을 천천히 힘을 주어 뒤집는다.

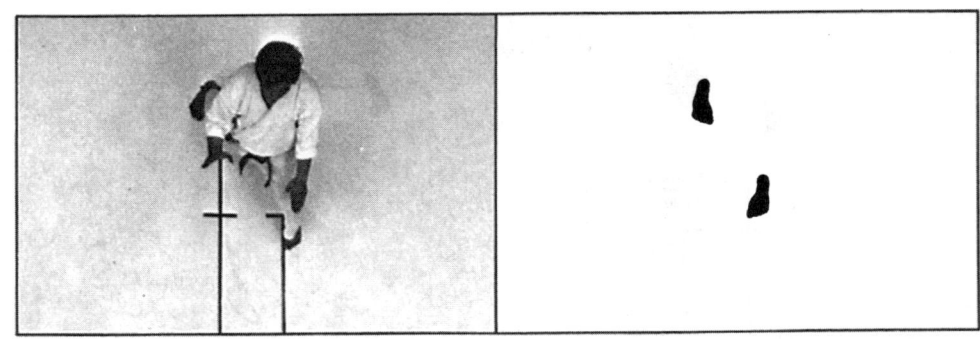

12. 오른손바닥 아구막기

13. 왼손바닥 중단 팔막기 / 오른손바닥 하단막기
우측 앞 반월서기자세

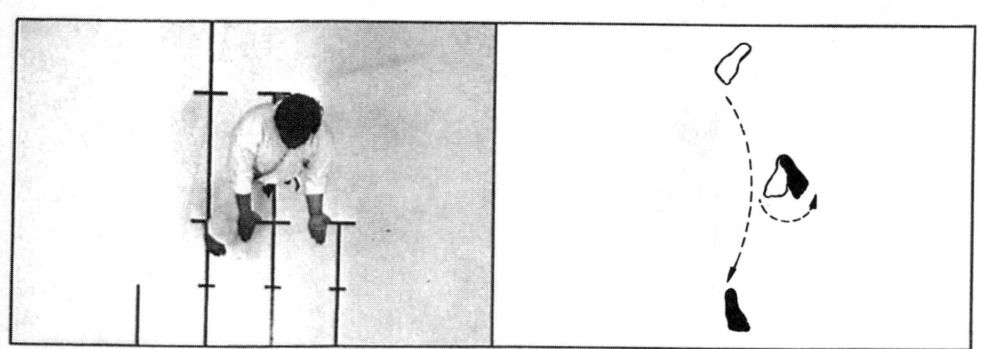

13. 왼손바닥 중단 팔막기

14 왼손바닥 아구막기
발의 위치 그대로

느릿한 동작으로.

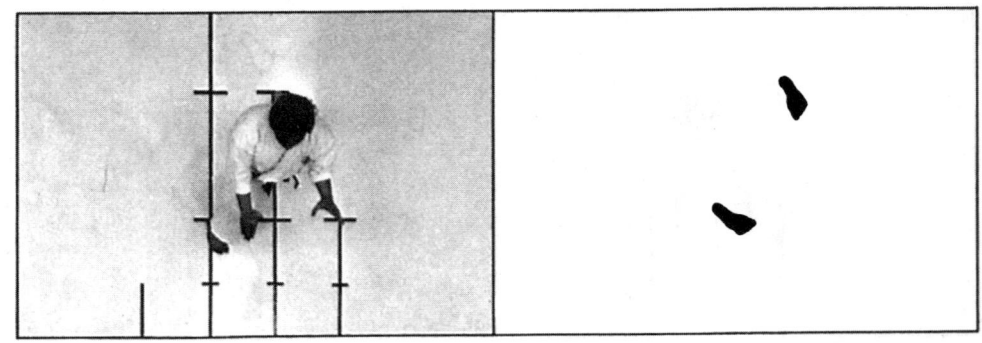

14. 왼손바닥 아구막기

15. 오른손바닥 중단 팔막기 / 왼손바닥 하단막기
좌측 앞 반월서기자세

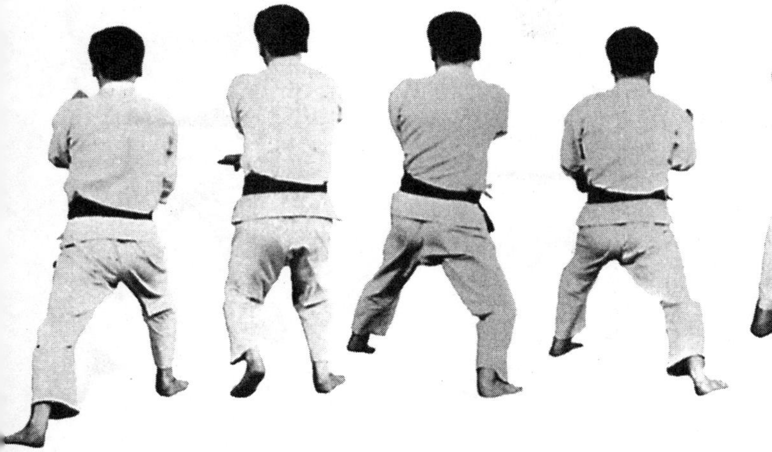

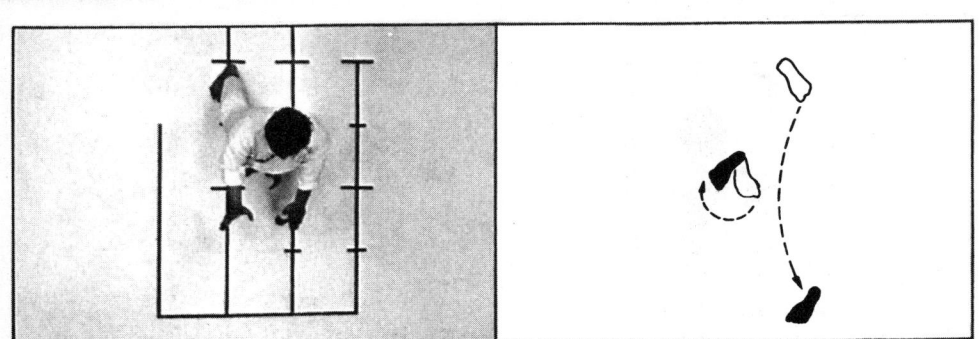

15. 오른손바닥 중단 팔막기

제 2 장 반월

16. 오른손바닥 아구막기
발의 위치 그대로

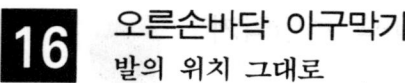

느릿하게 행한다.

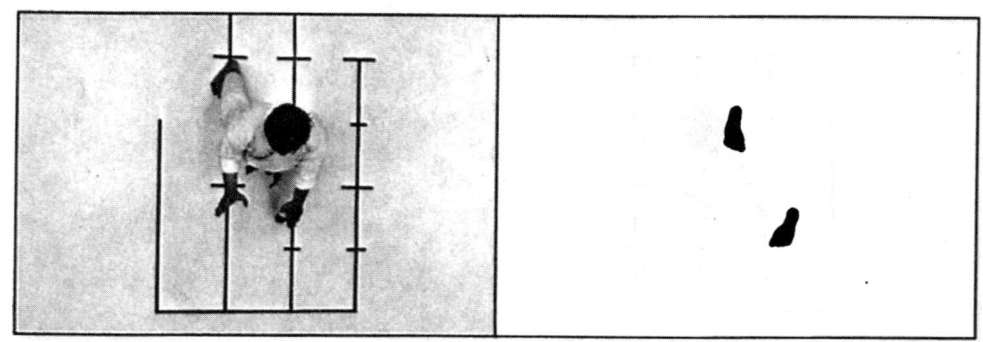

16. 오른손바닥 아구막기

17 우권 중단 팔막기 / 좌권 좌측 허리
우측 앞 반월서기자세

우족을 반월형으로 옆으로 내딛는다. 좌우 죄는 듯이 빠르고 세게.

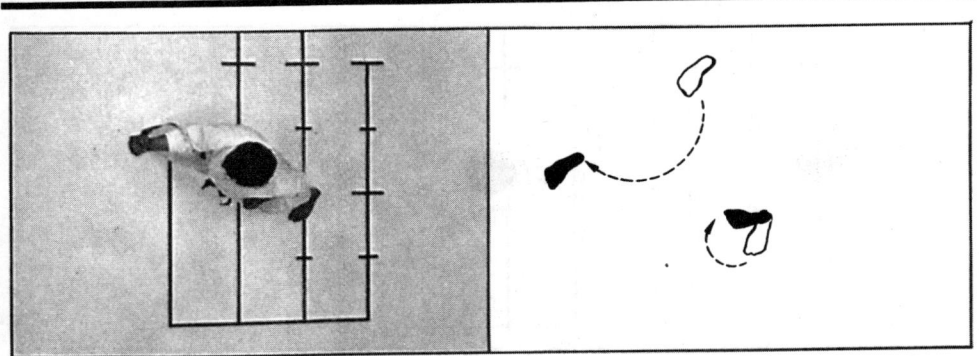

17. 우권 중단 팔막기

제 2 장 반월 71

18 좌권 중단 (역)지르기

발의 위치 그대로

19 우권 중단 (바로)지르기

발의 위치 그대로

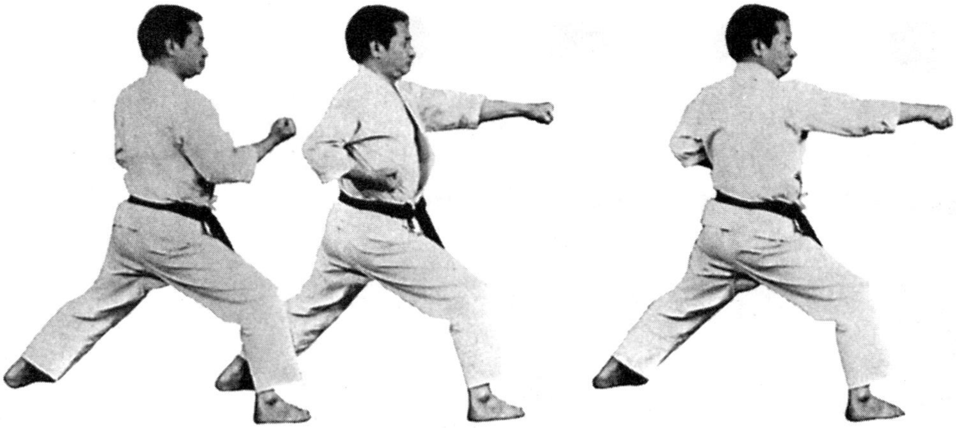

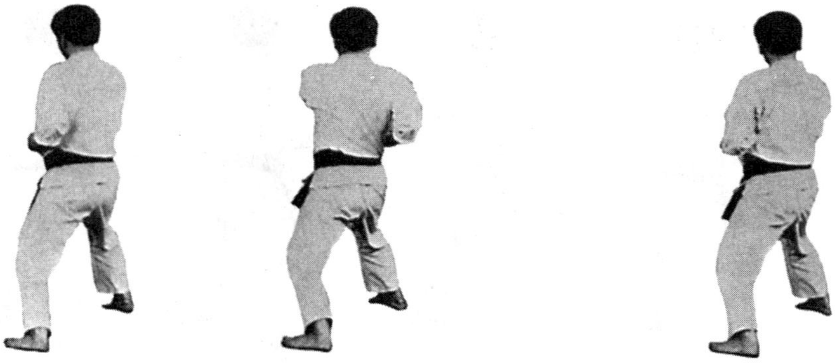

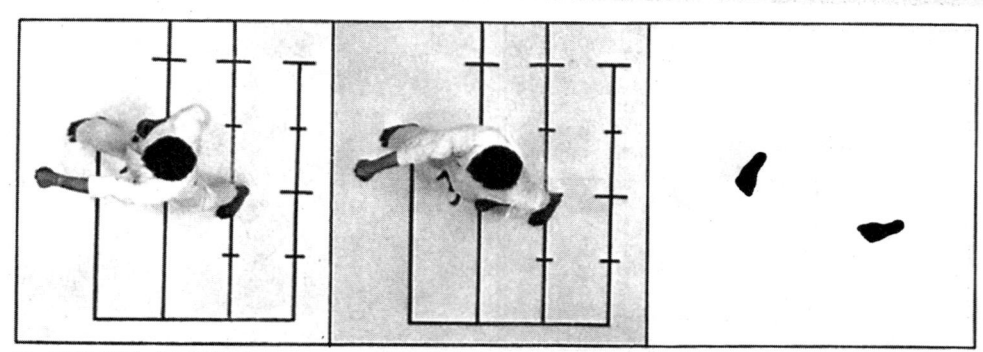

18. 좌권 중단 (역)지르기　　19. 우권 중단 (바로)지르기

20. 좌권 중단 팔막기
좌측 앞 반월서기자세

반대 방향으로 돌아다보면서 보내기 발.

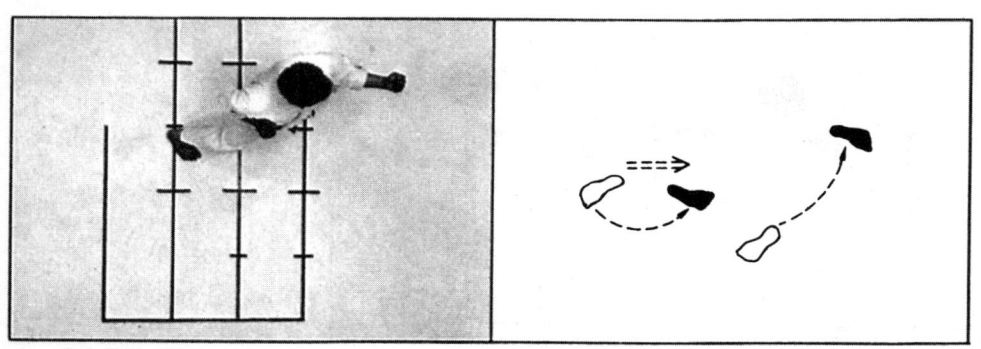

20. 좌권 중단 팔막기

제 2 장 반월

21 우권 중단 (역)지르기
좌측 앞 반월서기자세

22 좌권 중단 (바로)지르기
발의 위치 그대로

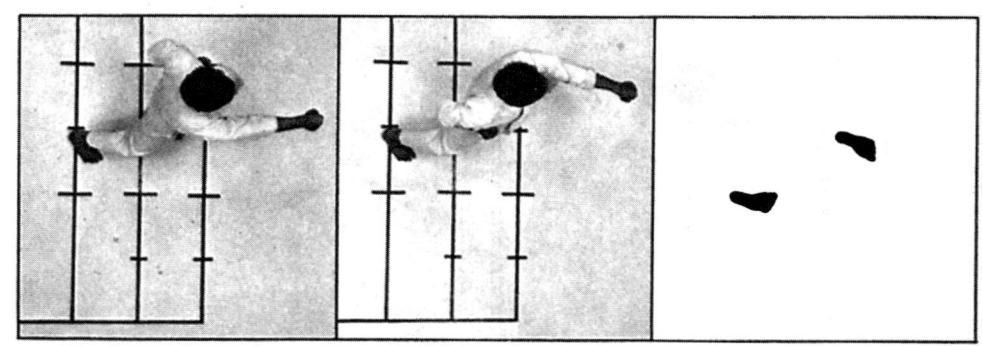

21. 우권 중단 (역)지르기   22. 좌권 중단 (바로)지르기

23. 우권 중단 팔막기
우측 앞 반월서기자세

약간 보내기 발로.

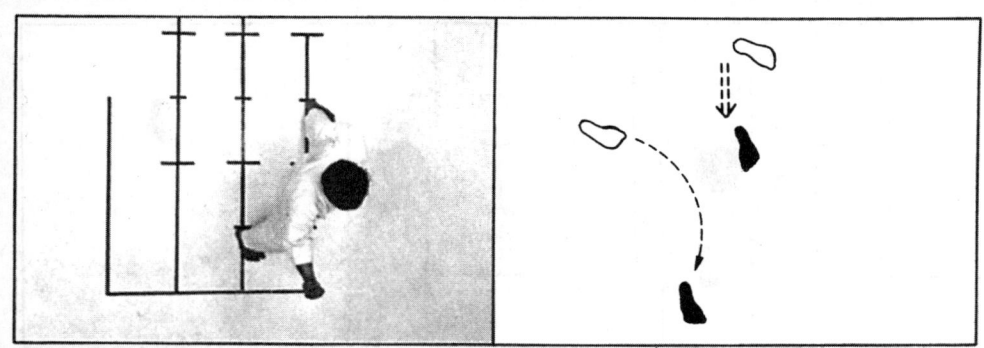

23. 우권 중단 팔막기

제 2 장 반월

24 좌권 중단 (역)지르기
발의 위치 그대로

25 우권 중단 (바로)지르기
발의 위치 그대로

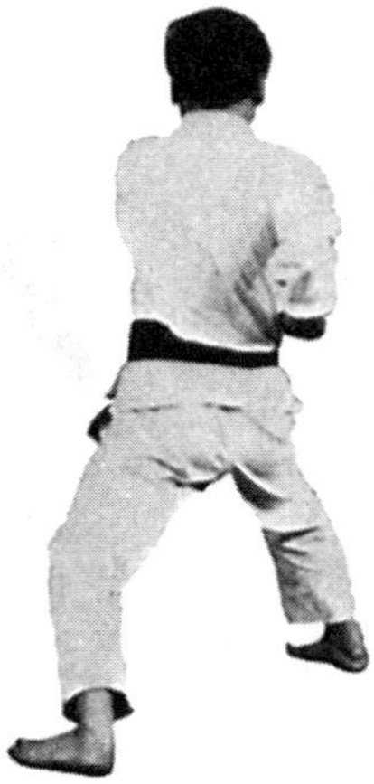

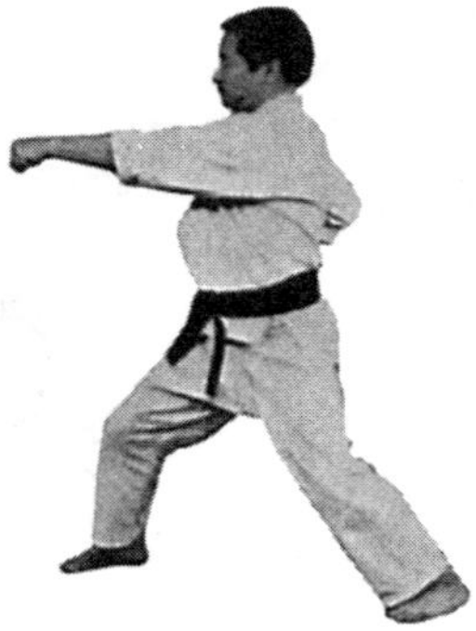

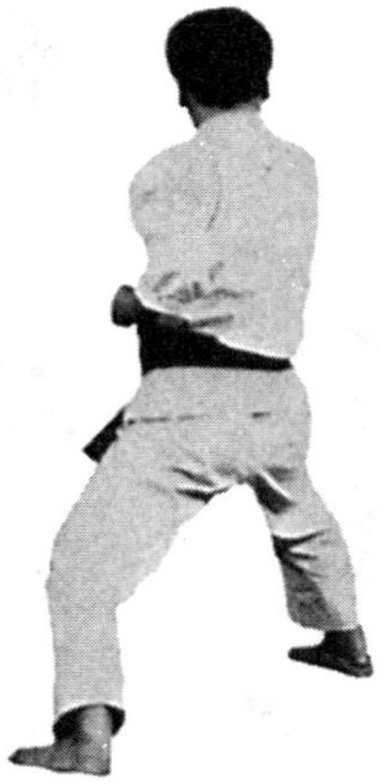

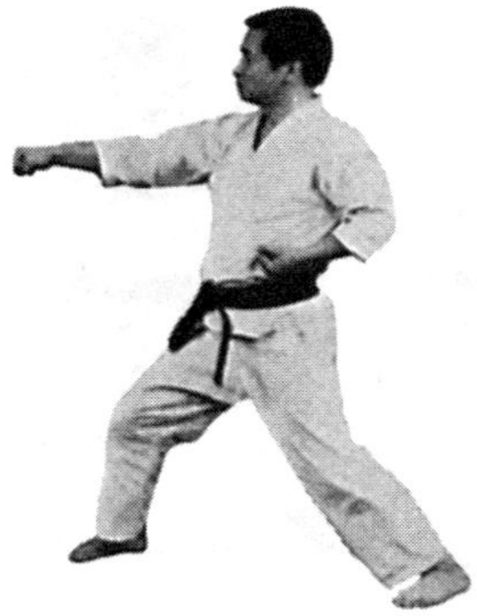

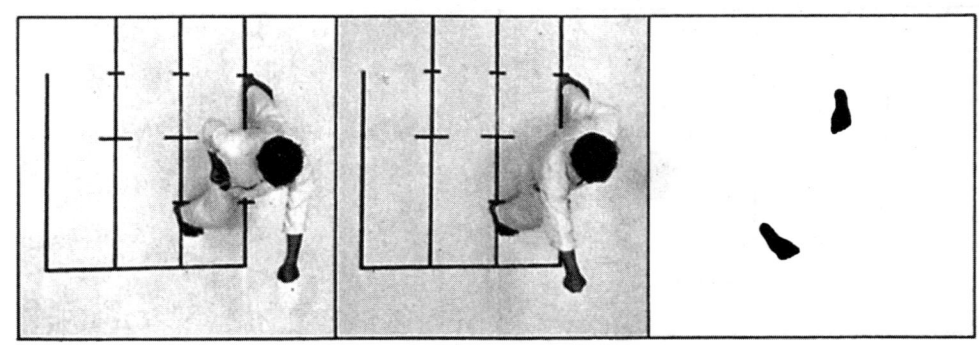

24. 좌권 중단 (역)지르기　　25. 우권 중단 (바로)지르기

26 좌 등주먹 (세로)내려치기 / 우권 우측 허리
우 후굴자세

허리를 좌회전하면서 좌측 발바닥은 우측 무릎으로 끌어당기고 그대로 좌족을 높이 반원을 그리면서 반대 방향으로 발끝을 내린다. 좌권은 우측 허리 앞에서 반원을 그리면서 돌린다.

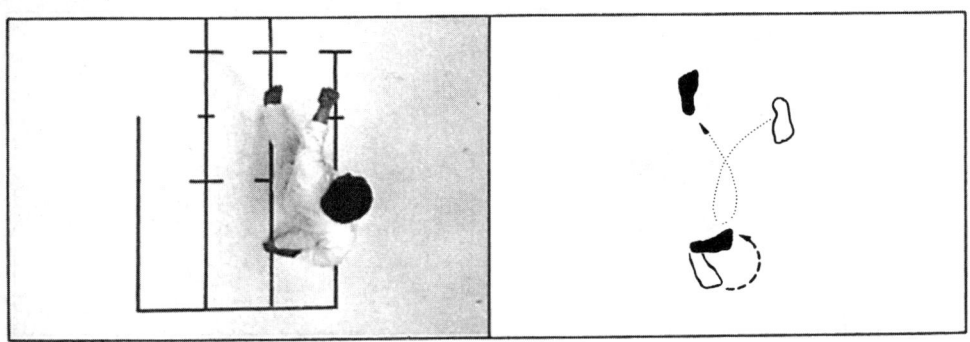

26. 좌 등주먹 (세로)내려치기

27. 좌권 손목 그대로 / 우권 우측 허리
좌측 다리서기 (우족 좌족 앞쪽 교차)

느릿하게 조용히.

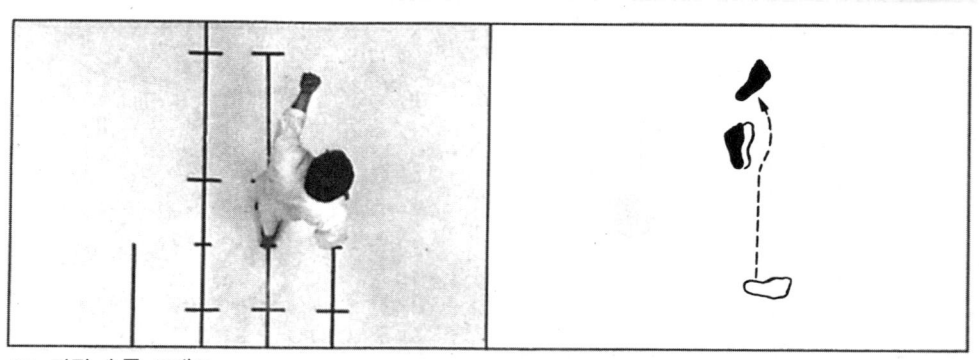

27. 좌권 손목 그대로

28 좌권 우측 어깨위로 당긴다 / 좌족 앞차기
우측 다리서기

우족에 체중을 옮기고, 좌권의 끌어올리기와 앞차기를 동시에 세게.

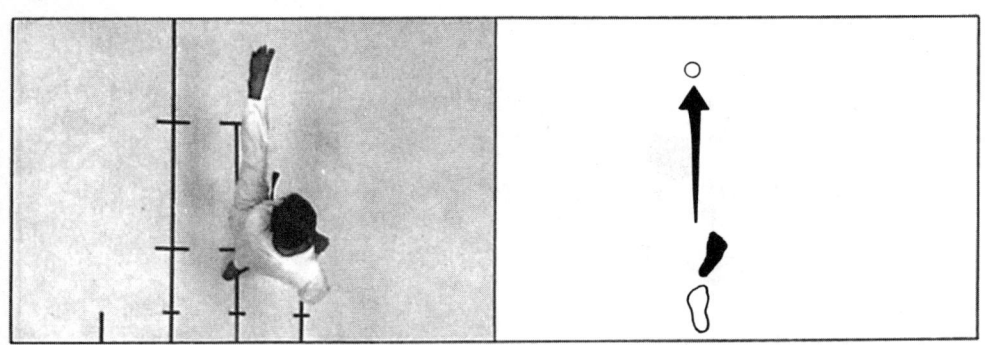

28. 좌권 우측 어깨위로 당긴다

29. 좌권 하단막기
좌측 앞 반월서기자세

좌측의 차는 발을 우족 앞에 내리고, 약간 낮은 듯하게 지른다.

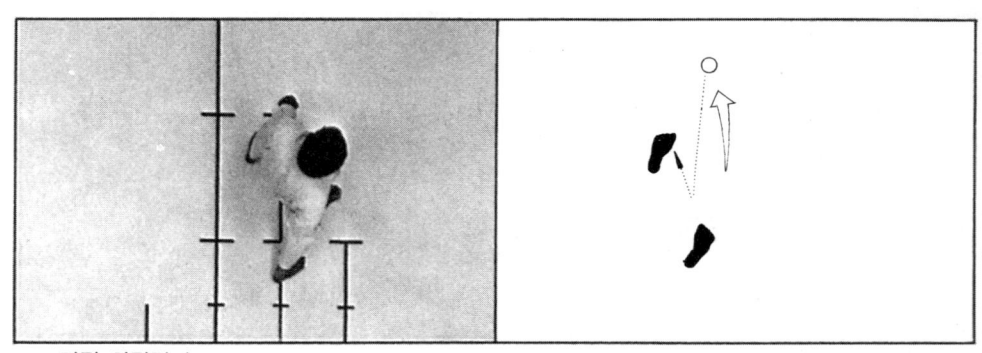

29. 좌권 하단막기

30 우권 중단 (역)지르기
발의 위치 그대로

허리를 좌측으로 비튼다.

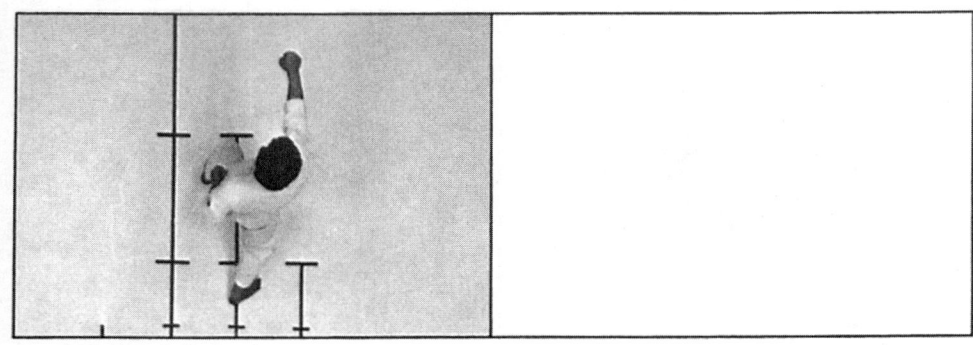

30. 우권 중단 (역)지르기

31. 좌 상단막기
발의 위치 그대로

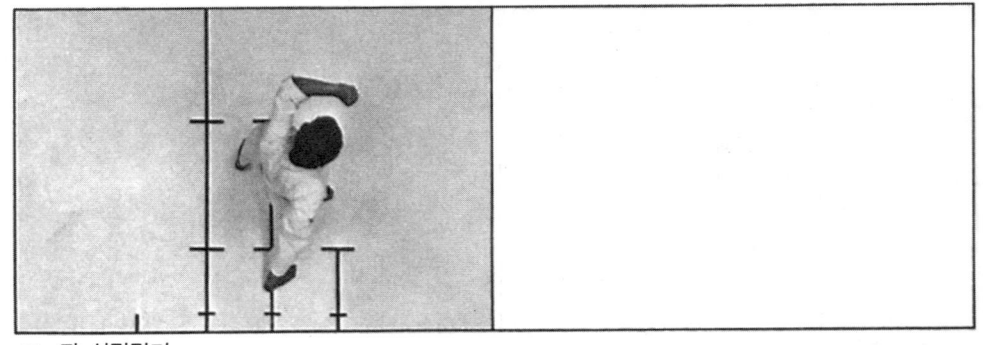

31. 좌 상단막기

32. 우 등주먹 (세로)내려치기
좌 후굴자세

허리를 우전, 뒤쪽으로 돌아다본다.

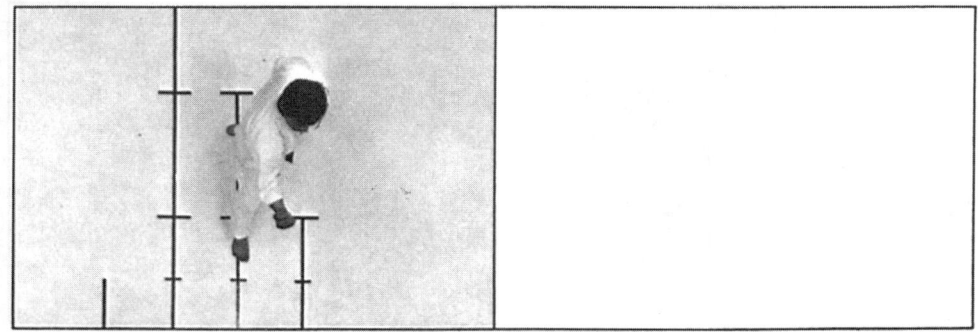

32. 우 등주먹 (세로)내려치기

그대로
우측 다리서기 (좌족 우족 앞쪽 교차)

조용하게 천천히.

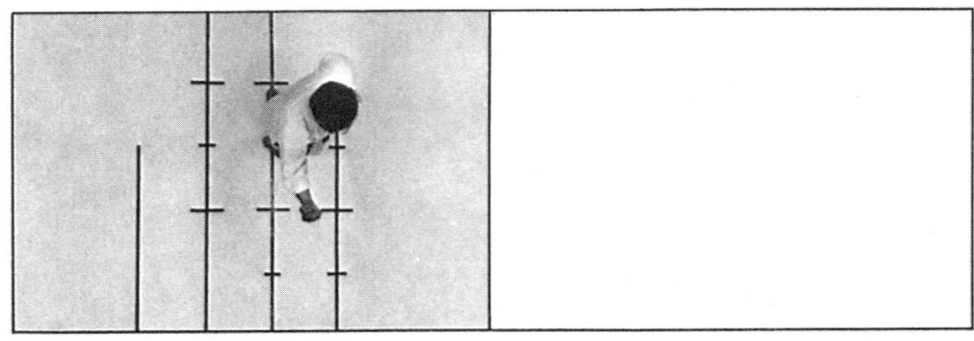

33. 그대로

34

우권 좌측 어깨위로 당긴다 / 우족 앞차기
좌측 다리서기

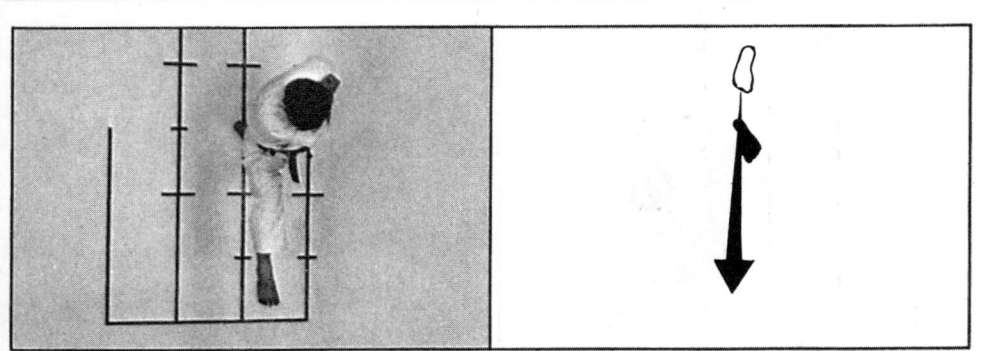

34. 우권 좌측 어깨위로 당긴다

제 2 장 반월　85

35 우권 하단막기
우측 앞 반월서기자세

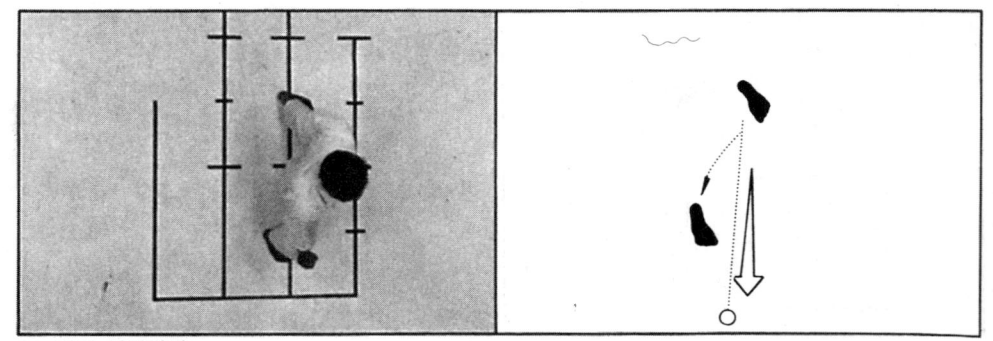

35. 우권 하단막기

 좌권 중단 (역)지르기
발의 위치 그대로

 우 상단막기
발의 위치 그대로

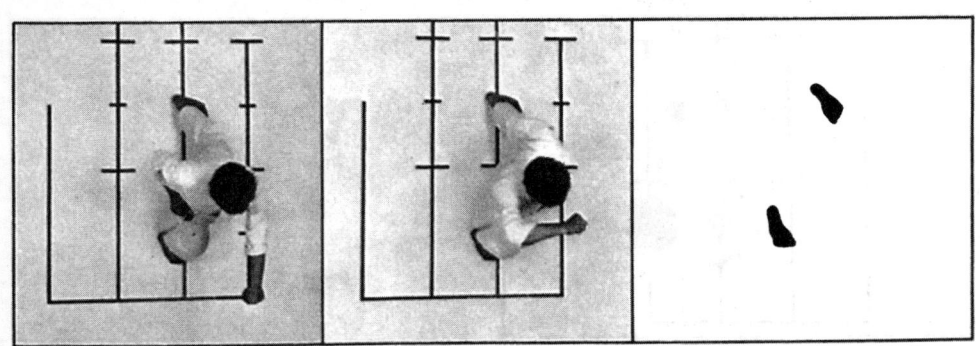

36. 좌권 중단 (역)지르기   37. 우 상단막기

제 2 장 반월

38. 좌 등주먹 (세로)내려치기
우 후굴자세

허리를 좌회전, 뒤쪽으로 돌아다보고, 우족 높이 반원을 그리면서 내린다. 좌권은 우측 허리 앞에서 머리 위로 반원을 그리면서 세로로 돌린다.

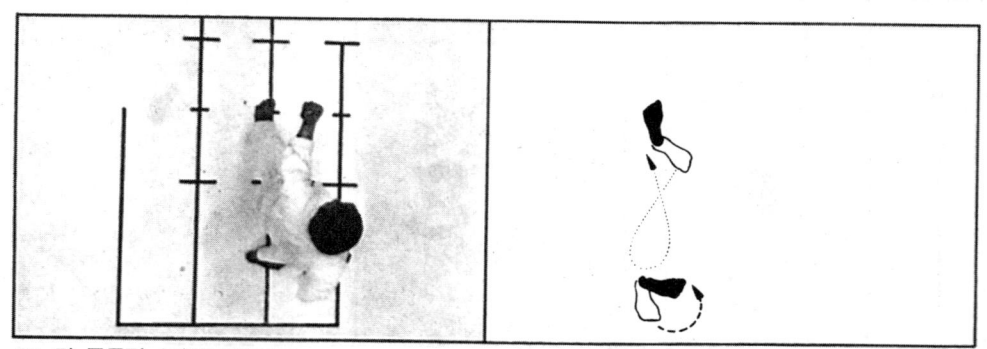

38. 좌 등주먹 (세로)내려치기

39. 우 중단 안다리 돌려차기
좌측 다리서기

좌족에 체중을 옮기고, 우측의 차는 발은 왼손바닥에 댄다.

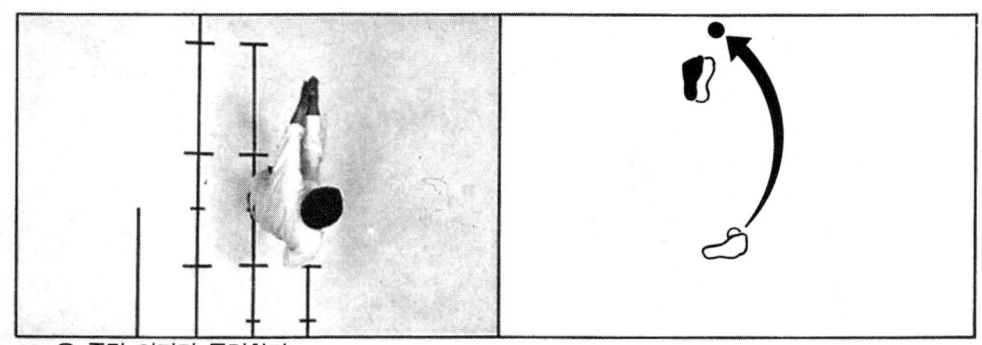

39. 우 중단 안다리 돌려차기

40 우권 중단 (역)지르기
좌측 앞 반월서기자세

우측의 차는 발을 뒤쪽으로 끌어당긴다.

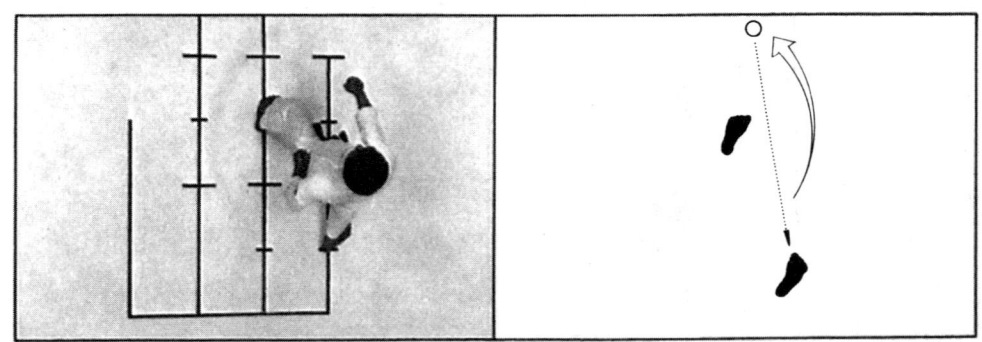

40. 우권 중단 (역)지르기

41. 하단 손바닥 합쳐막기 (양쪽 손등 뒤쪽 향하기)
좌측 앞 좌 반후굴자세

천천히 양손바닥을 일단 양쪽 허리로 당기고, 다시 밀어내어 손바닥밑을 합친다.

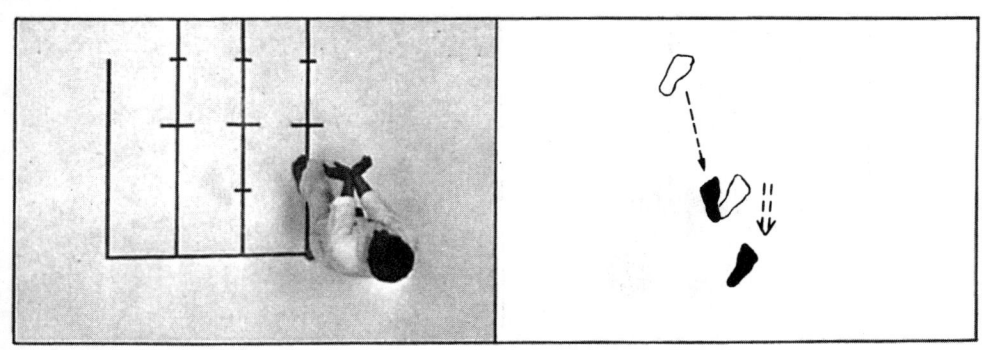

41. 하단 손바닥 합쳐막기

바로 !

좌족을 당기고 겨누기의 자세로 되돌아간다.

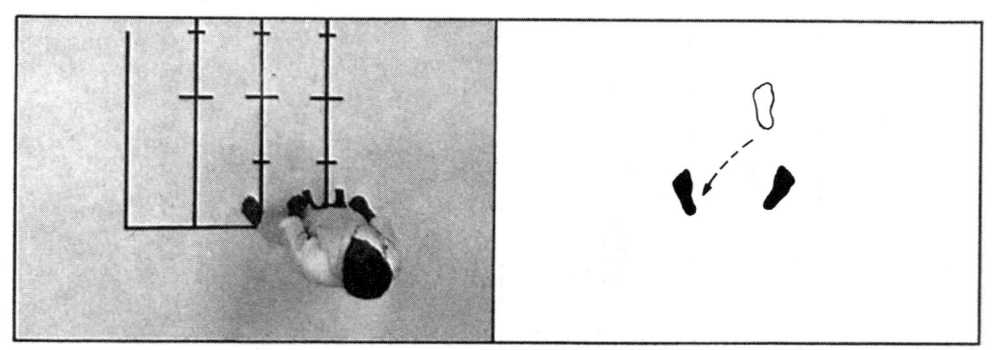

바로

92 십수 · 반월 · 연비

반월의 포인트

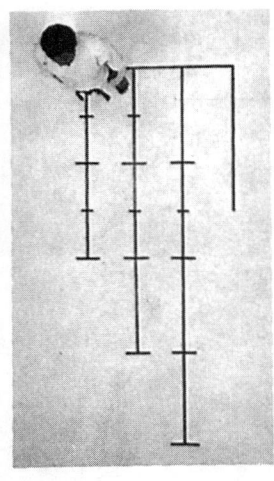

반월(半月) 41거동 약1분

이 형은 전진할 때에 손발 다 반원(반월형)을 그리기 때문에 이 이름이 붙여졌다. 호흡에 맞춰서 손과 다리를 동시에 움직이는 동작, 반월형의 발 문질러내기 등, 완급한 기술이 포인트이다. 반월형의 발 문질러내기는 언제나 상대의 발 안쪽으로 문질러낸다. 이것은 안쪽으로 쳐들어감으로써 상대의 몸을 쉽게 흩뜨릴 수 있기 때문이다. 접근하여 쳐들어가자면 반월형의 발 문질러내기가 가장 효과적이다.

반월의 리듬

1·2 3·4 5·6 7 8 9 10△11 12 13 14 15 16
17·18·19 20·21·22 23·24·25 26 27 28·29·30·31 32 33
34·35·36·37 38 39 40 41△

반월서기자세   거동 7

반월서기 : 전굴자세를 좁게 하여 두 발을 잇는 선의 중심점으로 향해 양쪽 무릎을 같이 안쪽으로 꽉 죈다. 그때 발뒤꿈치나 족도(足刀)가 뜨지 않도록 두 발로 단단히 마룻바닥을 힘껏 밟는 것이 포인트이다.

거동 7 : 한 주먹을 만들면서 우권을 우측 유방 앞으로 끌어당긴다. 좌권은 우권과 동시에 스타트하고, 도중에서 우측에 나란히 하자 손목을 젖히고 그대로 우권에 맞춰서 되돌려 좌측 유방 앞에 멈춘다.

반월의 포인트

거동 9-10 : 뒤에서 껴안겼을 경우 한쪽 발을 한 발 앞으로 세게 문질러내면서, 두 팔을, 팔꿈치를 직각으로 어깨 옆으로 세게 끌어올리면, 상대의 팔은 벗겨진다. 다시 몸을 옆으로 벌려 세게 하단을 막고 반격한다. 두 팔을 위로 올리는 것과 발을 앞으로 문질러내는 것은 동시가 아니면 효과가 없다(A). 상대의 상단공격을 안쪽에서 팔등으로 막아넘긴다. 다시 상대가 중단으로 공격해오는 것을 머리 위에서 손바닥을 몸 측면으로 휘둘러 내려 팔등으로 막아넘기기(B)를 한다.

거동 11-12 : 상대의 중단공격을 수도 엄지손가락쪽 손목으로 막고, 그 대로 손목을 젖혀 붙잡아 끌어당겨 다른 손으로 수도치기로 반격한다. 잡아 끌어당길 때는, 옆구리 밖으로 당겨서는 안 된다. 겨드랑이를 죄는 것이 중요하다.

반월의 포인트

거동 26 : 뒤쪽에서 뒷발을 노려 차고 온 것을 무릎을 가슴으로 끼어 다루고, 발을 내리는 것과 동시에 등주먹 (세로)내려치기로 상대의 안면으로 반격한다. 뒷발을 끌어당길 때, 버팀다리의 발목, 무릎을 굽혀서 죄고, 밸런스를 취하는 것이 중요하다.

거동 27-29 : 손목을 잡혔을 때, 앞발이건 뒷발이건, 또 주먹이건 반격하자면 간격이 멀기 때문에 잡힌 팔은 움직이지 말고, 상대에게 은밀하게 뒷발을 앞발에 교차시키자마자 중단차기로 반격하면서 잡힌 팔을 어깻죽지로 당겨 후린다. 대련의 경우, 차건 지르건 간격이 너무 멀 때는 겨누기한 주먹이나 상체를 움직이지 말고, 은밀하게 재빨리 뒷발을 앞발에 교차시켜 차기를 한다. 말하자면 간격을 속이고 공격하는 하나의 샘플이다.

반월의 포인트

거동 39-40

거동 41

거동 39-40 : 중단공격에 대해 무릎을 높이 올리면서의 안다리 돌려차기로 털어 버리고, 발을 당기는 것과 동시에 주먹(중단지르기)으로 반격한다. 안다리 돌려차기는 무릎을 가슴 높이 가깝게 취하여 돌리는 것이 중요하다.

거동 41 : 차기의 공격에 대해 앞발을 당기면서 후굴자세가 되고, 양쪽 손바닥밑을 맞춰서 막는다. 발을 끌어당길 때 허리가 뜨는 일이 잦으면 강한 차기에 대응하지 못하니, 발을 끌어당기기보다 허리를 뒷발의 발뒤꿈치에 끌어당기도록 하면 매우 효과가 높다.

3
연비(燕飛)

겨누기

왼손바닥(손등 좌측 향하기)을 좌측 허리에, 우권(손등 앞쪽 향하기)을 좌권에 댄다.

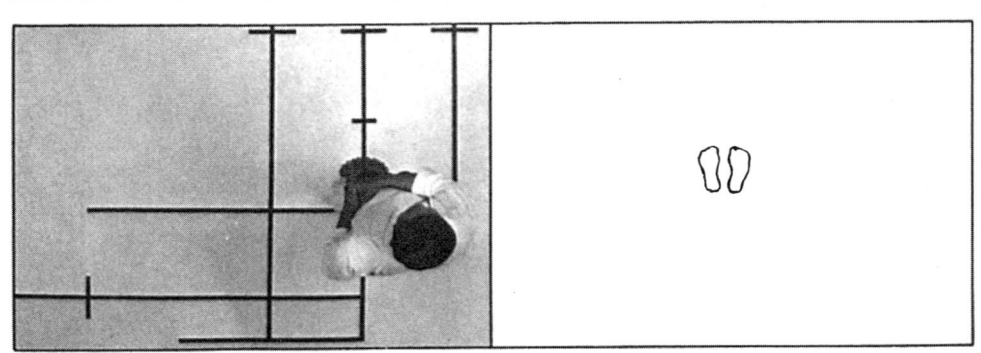

겨누기

1 우권 하단막기(등 앞쪽 향하기)
  좌권 우측 가슴앞 겨누기(등 아래쪽 향하기)
  우측 다리 무릎쏘아 자세(좌족 반걸음 좌측으로)

얼굴을 우측으로 돌리고, 우권은 우측 대퇴 앞에. 우측 무릎이 좌족 발뒤꿈치에
가볍게 접한다.

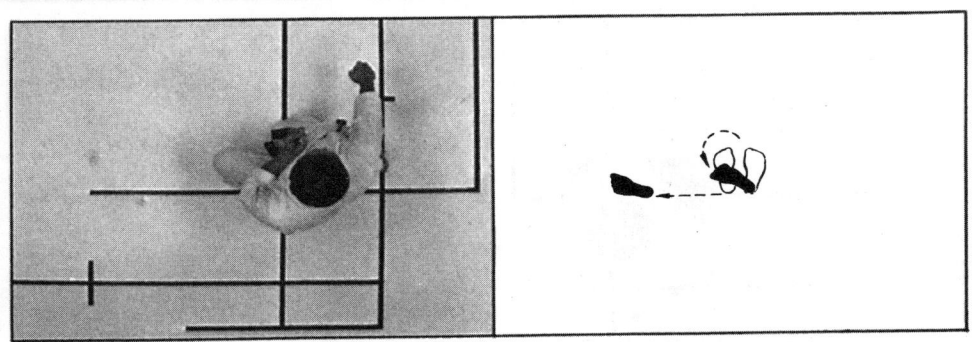

1. 우권 하단막기

2. 양권 좌측 허리겨누기
(좌권손등 아래쪽 향하기, 우권손등 앞쪽 향하기)
팔자서기자세

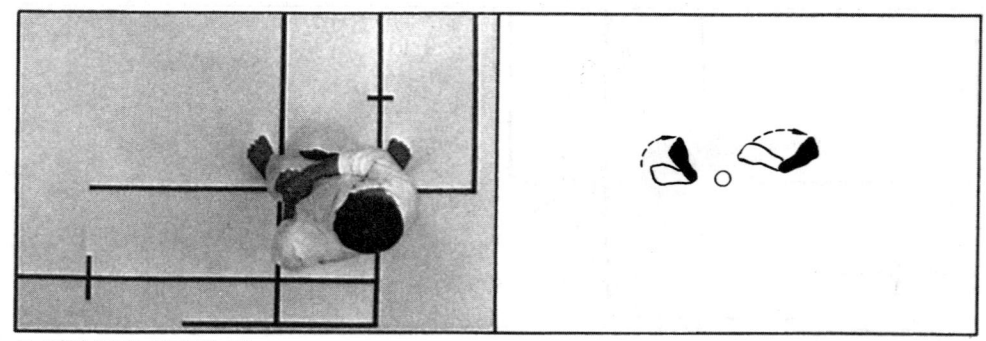

2. 양권 좌측 허리겨누기

3 우 하단막기
우 전굴자세

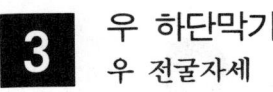

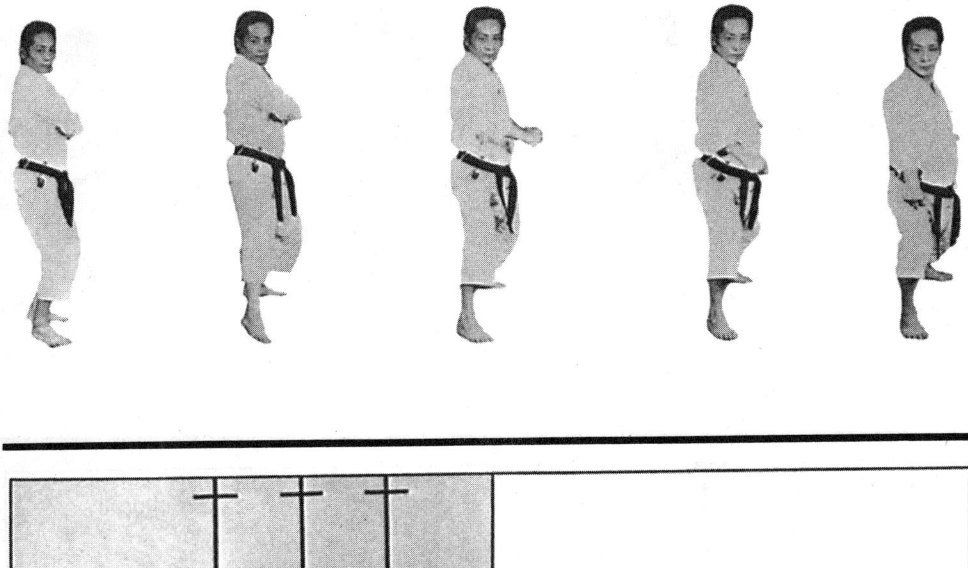

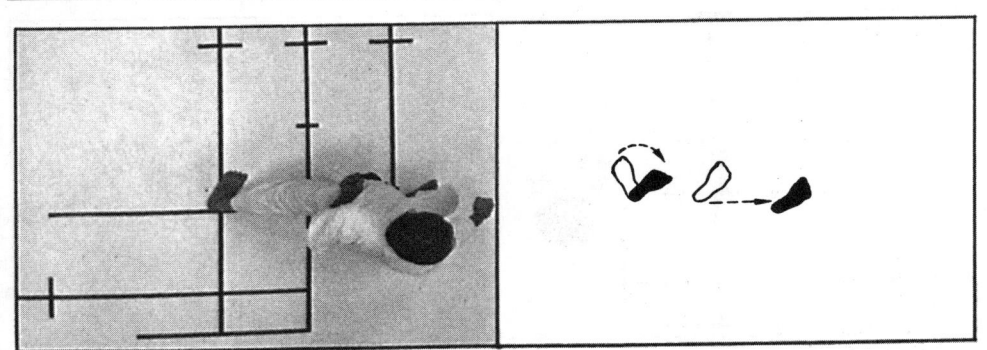

3. 우 하단막기

4. 왼팔 물흐름 겨누기 / 우권 우측 허리
기마자세

얼굴은 정면을 향한다.

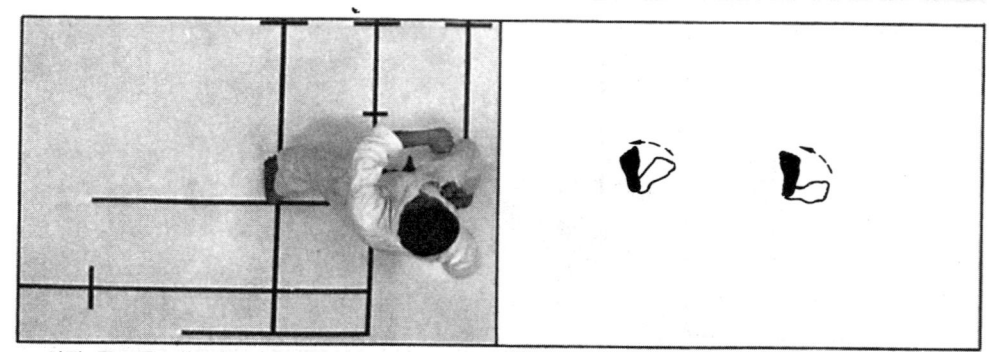

4. 왼팔 물흐름 겨누기

5. 좌 하단막기
좌 전굴자세

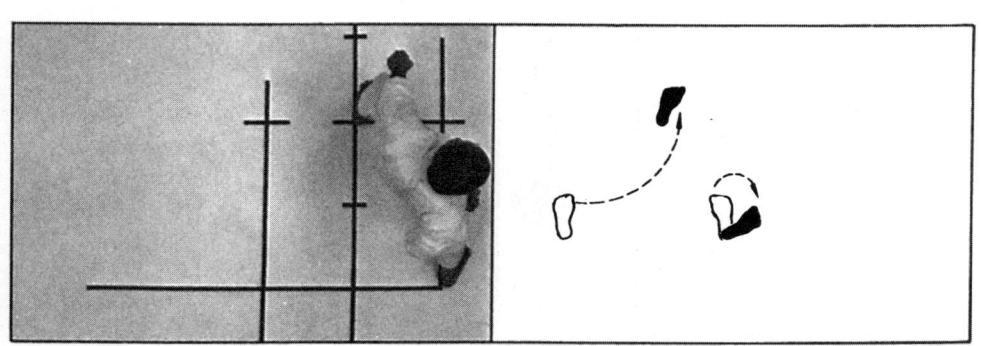

5. 좌 하단막기

6. 우권 상단 (역)지르기
발의 위치 그대로

상체를 약간 왼쪽으로 비튼다.

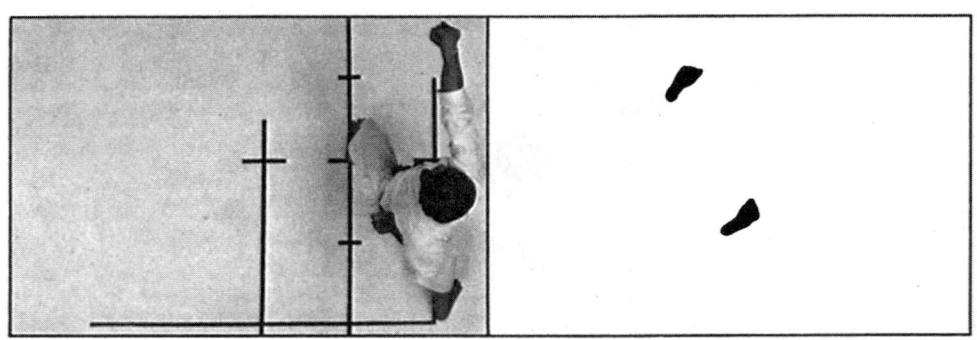

6. 우권 상단 (역)지르기

7 우권 좌측 어깨위(등 비스듬히 앞 아래쪽) / 좌권 중단지르기
우측 다리서기(좌족 우측 발뒤꿈치 뒤쪽 교차서기)

우족을 한 발 뛰어든다. 우권은 일단 벌리고, 물건을 잡아 끌어당기듯이 세게 당긴다.

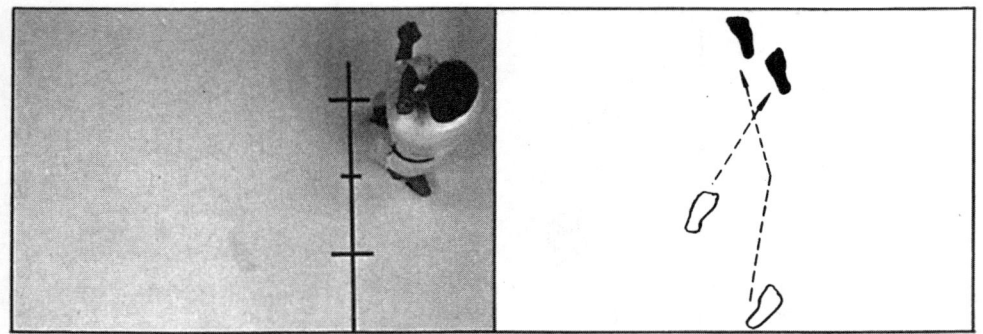

7. 우권 좌측 어깨위

8. 우 하단막기 / 좌권 좌측 허리
좌 무릎굽히기(뒤 전굴자세)

좌족을 한 발 뒤로 당긴다. 오른손목은 왼팔 위를 빠듯하게. 상체는 약간 좌측으로 넘어뜨린다.

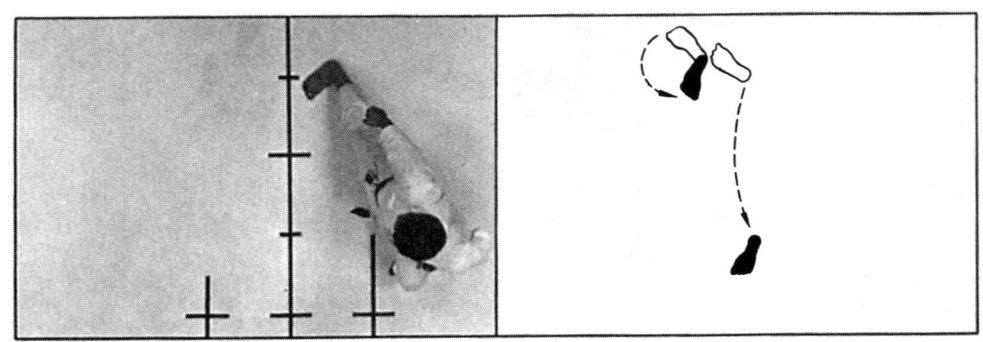

8. 우 하단막기

9 좌 하단막기
발의 위치 그대로인 채 좌 전굴자세

허리를 좌회전, 뒤로 돌아다본다.

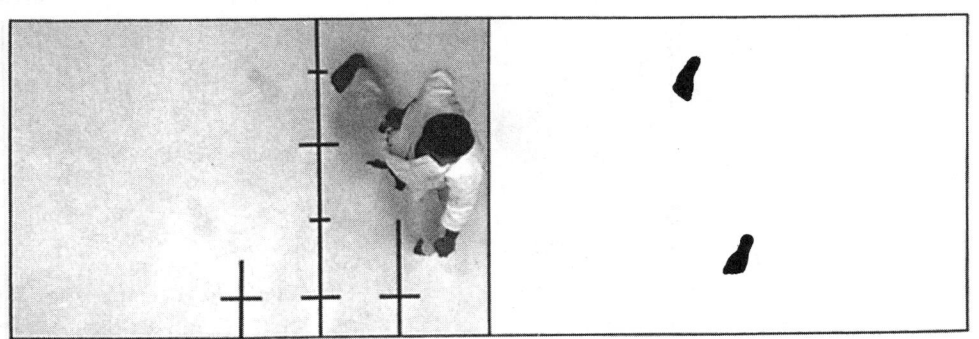

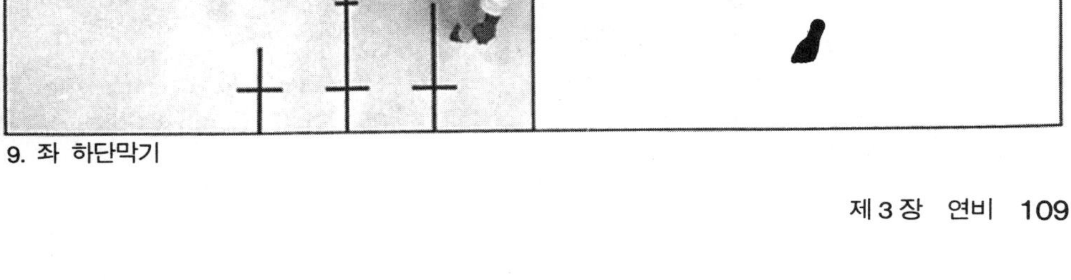

9. 좌 하단막기

제 3 장 연비

10. 우권 상단 (역)지르기
좌 전굴자세

상체를 약간 좌측으로 비튼다.

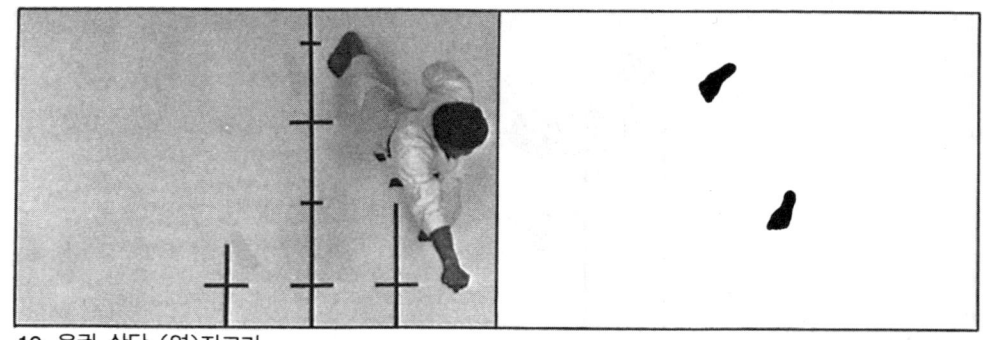

10. 우권 상단 (역)지르기

11. 우권 좌측 어깨위 / 좌권 중단지르기
우측 다리서기(좌족 우측 발뒤꿈치 뒤 교차)

한 발 뛰어든다. 좌족 우측 발뒤꿈치 뒤 교차.

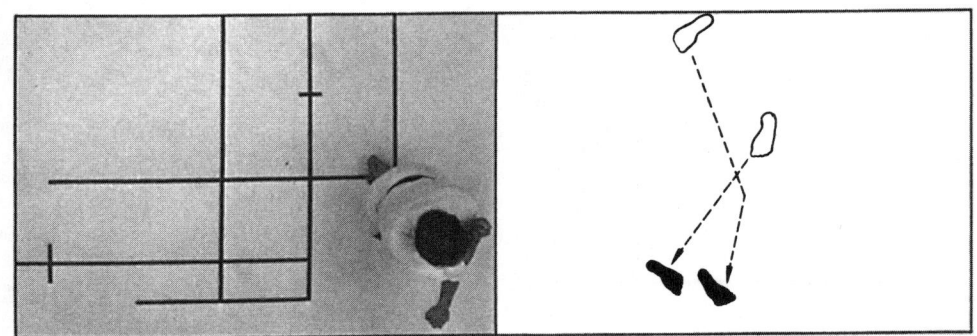

11. 우권 좌측 어깨위

12. 우 하단막기
좌 무릎굽히기 (뒤 전굴자세)

상체를 약간 좌측으로 넘어뜨린다.

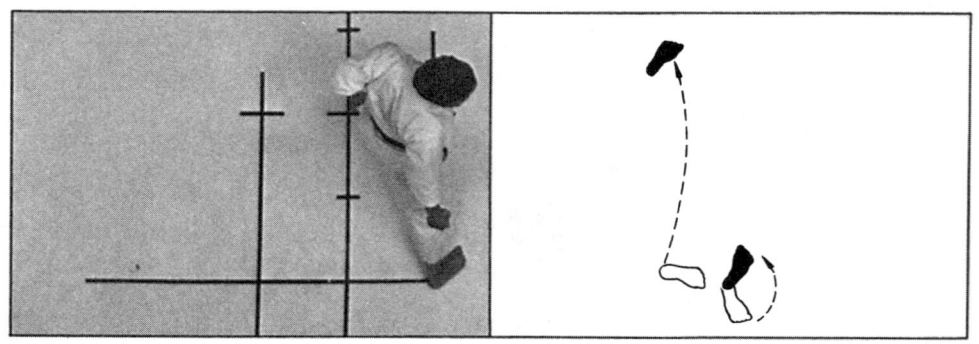

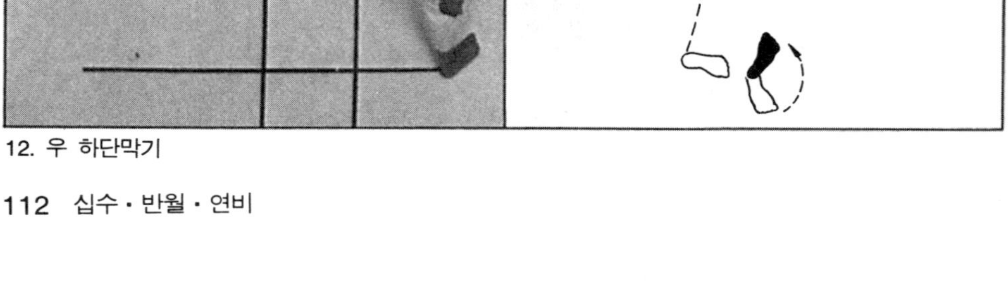

12. 우 하단막기

13. 좌 하단막기
좌 전굴자세

발의 위치 그대로인 채 뒤로 돌아다본다.

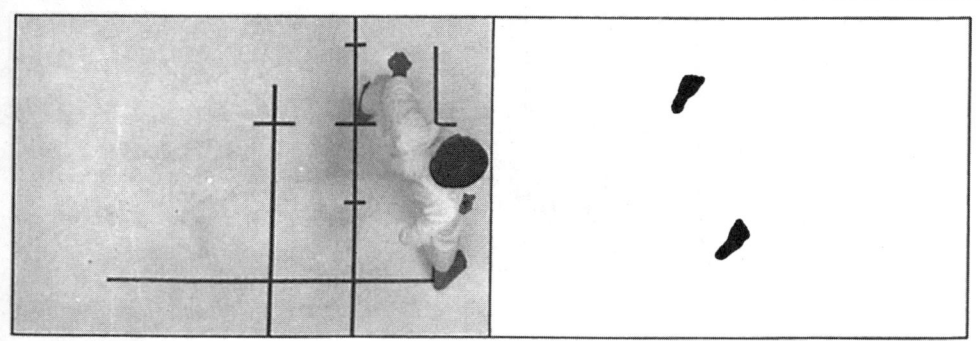

13. 좌 하단막기

14. 왼손바닥 좌측 비스듬히 앞쪽겨누기 (등 앞쪽 향하기)
우권 우측 허리 / 기마자세   —얼굴은 왼손바닥을 쫓는다—

상체를 당겨 체중을 우측 다리로 받치고, 좌측 무릎을 일단 우측 가슴 앞에 취하여 좌측으로 돌리고, 왼손바닥을 눈 높이로 올려, 반원을 그리며 좌측으로. 동작은 느릿하게 동시에.

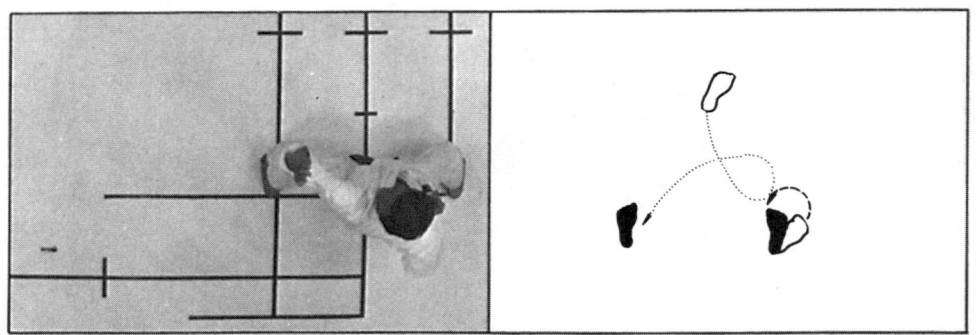

14. 왼손바닥 좌측 비스듬히 앞쪽겨누기

제3장 연비

15

우권 손목 왼손바닥쳐서 맞히기(등 앞쪽 향하기)
좌측 다리서기(우족등 좌측 무릎 뒤)

우권을 크게 휘두른다. 얼굴은 정면을 향한다.

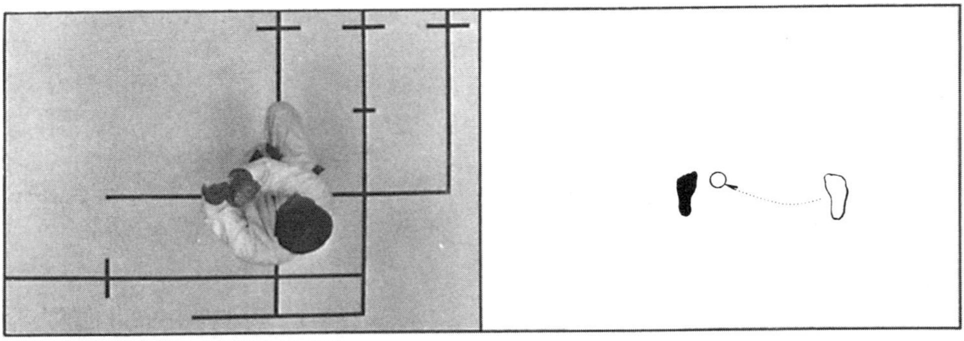

15. 우권 손목 왼손바닥쳐서 맞히기

16 좌 (세로)수도 중단막기
우권 우측 허리 / 기마자세

얍!

왼손바닥을 우측 겨드랑이밑에서 돌리고, 우권은 일단 벌리면서 반원을 그린다.

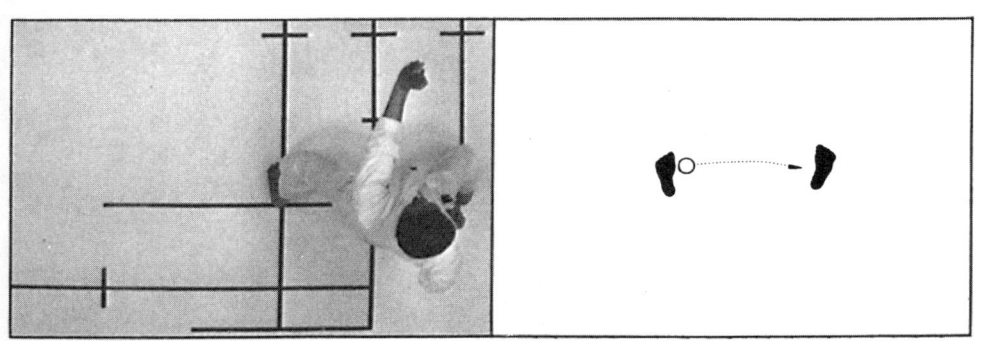

16. 좌 (세로)수도 중단막기

17 우권 중단 (바로)지르기
기마자세

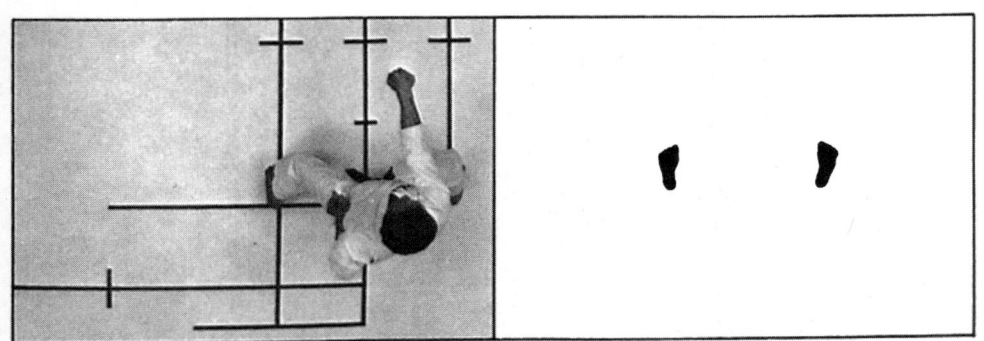

17. 우권 중단 (바로)지르기

18. 좌권 중단 (바로)지르기
기마자세

19. 좌 하단막기
좌 전굴자세

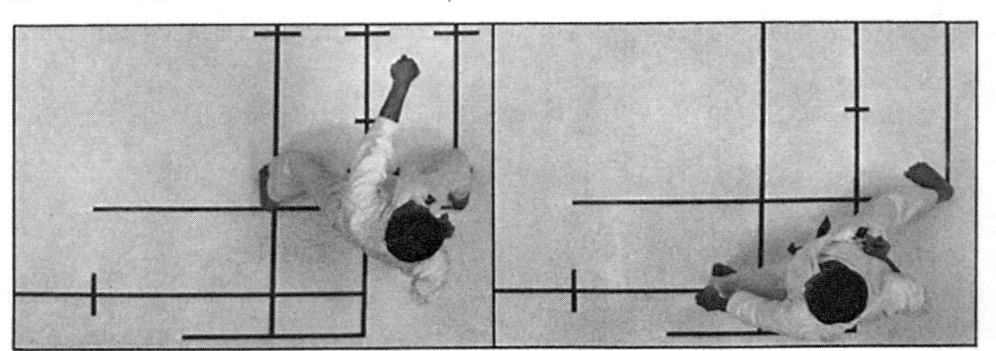

18. 좌권 중단 (바로)지르기　　19. 좌 하단막기

20 우 상단 (역)지르기
좌 전굴자세

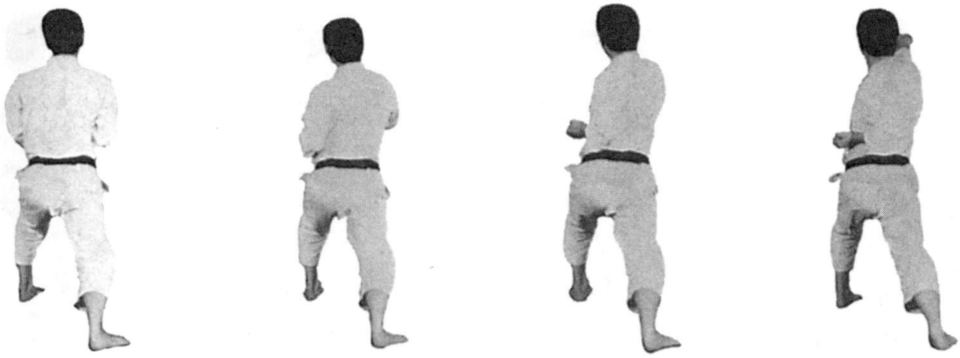

상체를 약간 좌측으로 비튼다.

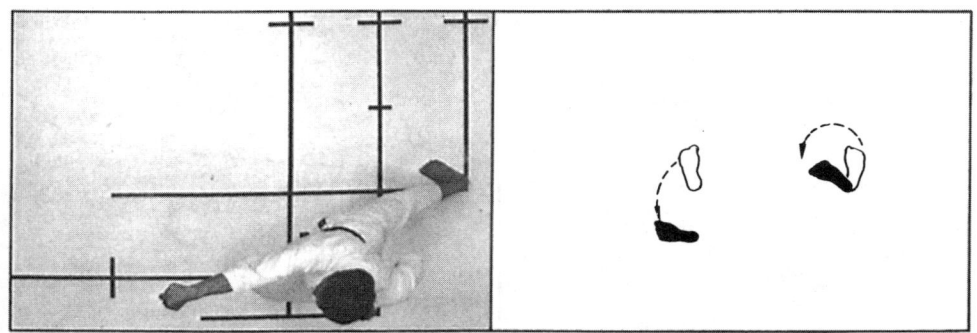

20. 우 상단 (역)지르기

제 3 장 연비 121

21. 우 수도 (중단)막기
좌 후굴자세

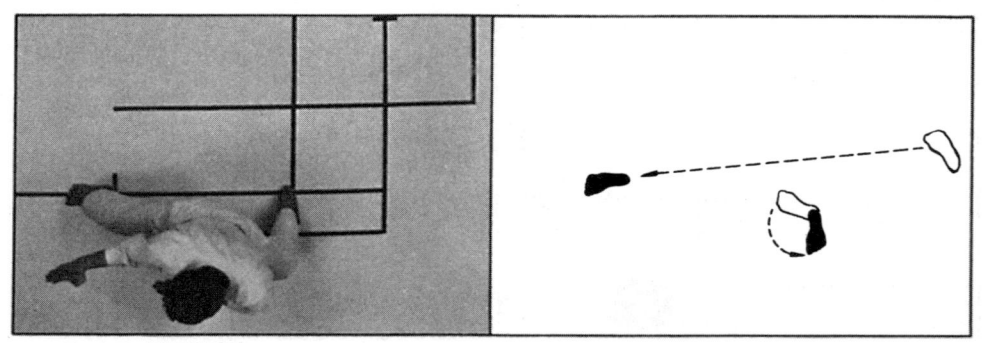

21. 우 수도 (중단)막기

22. 좌 수도 (중단)막기
우 후굴자세

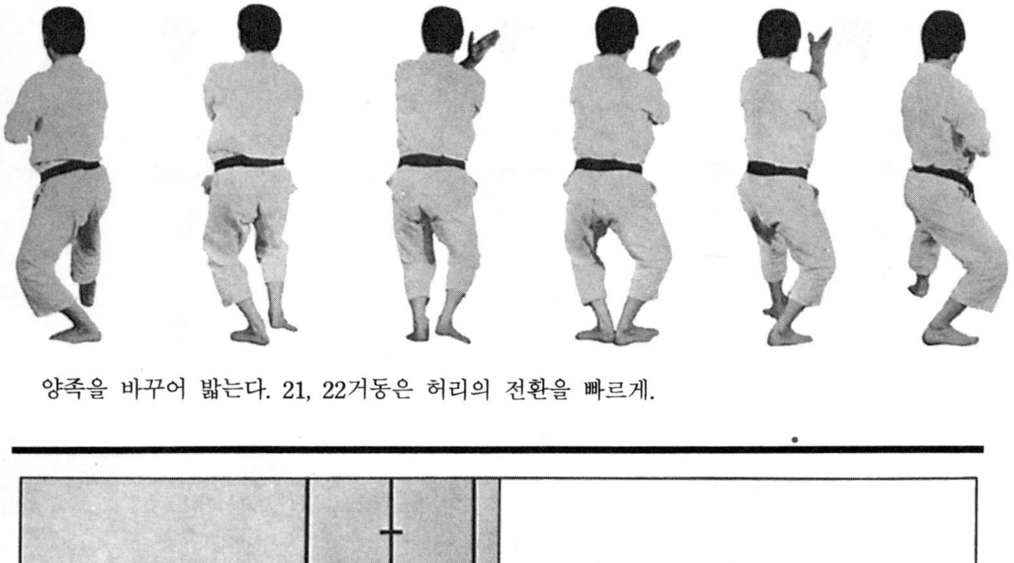

양족을 바꾸어 밟는다. 21, 22거동은 허리의 전환을 빠르게.

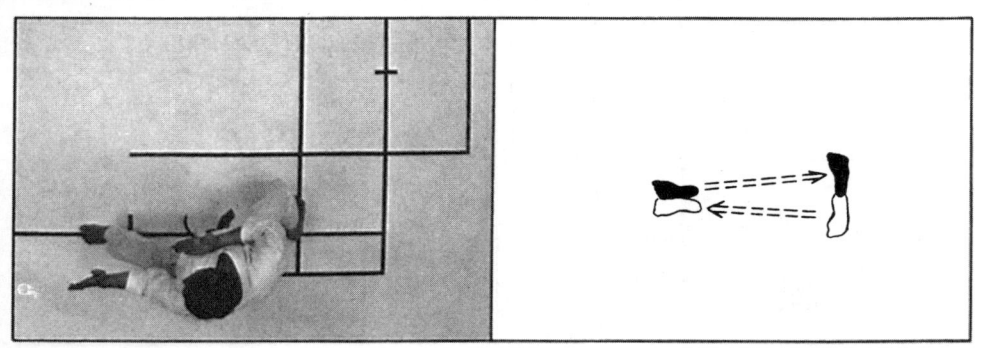

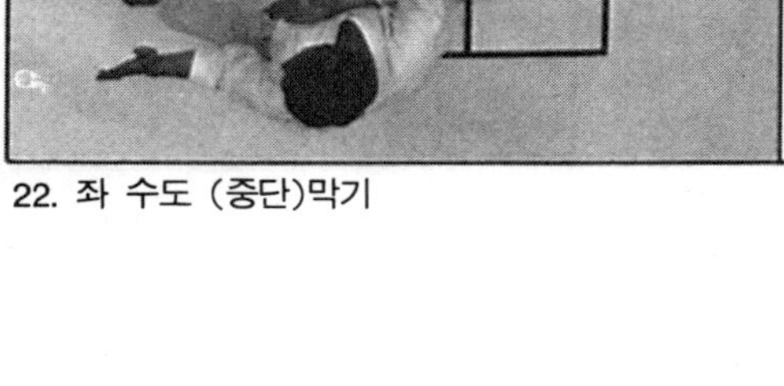

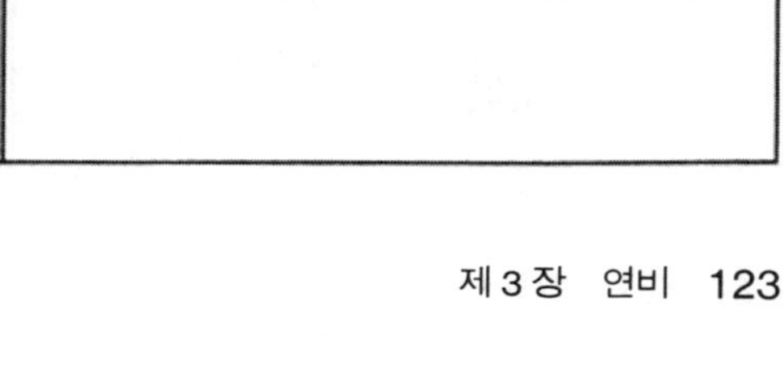

22. 좌 수도 (중단)막기

23. 우권 중단 (역)지르기
발의 위치 그대로

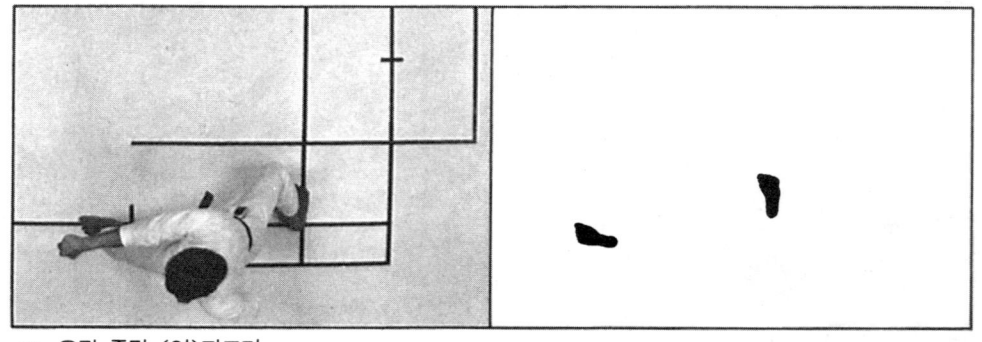

23. 우권 중단 (역)지르기

24 우 수도 (중단)막기
좌 후굴자세

24. 우 수도 (중단)막기

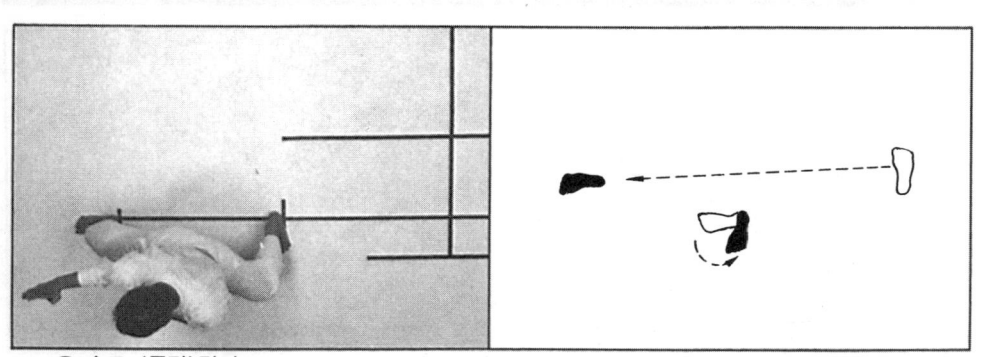

제 3 장 연비 125

25 좌 하단막기
좌 전굴자세

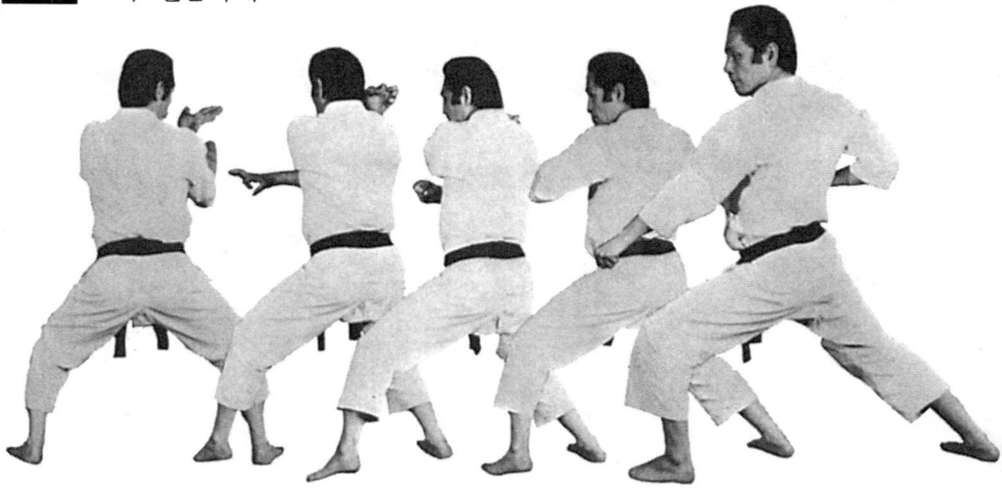

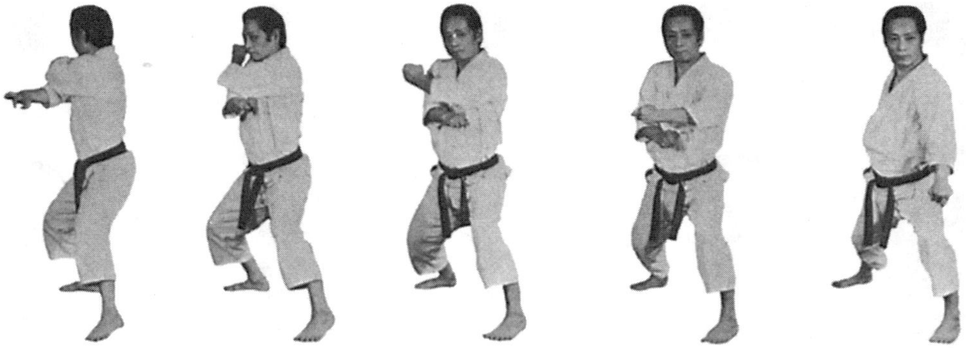

우족 축, 허리를 좌회전, 뒤로 돌아다본다.

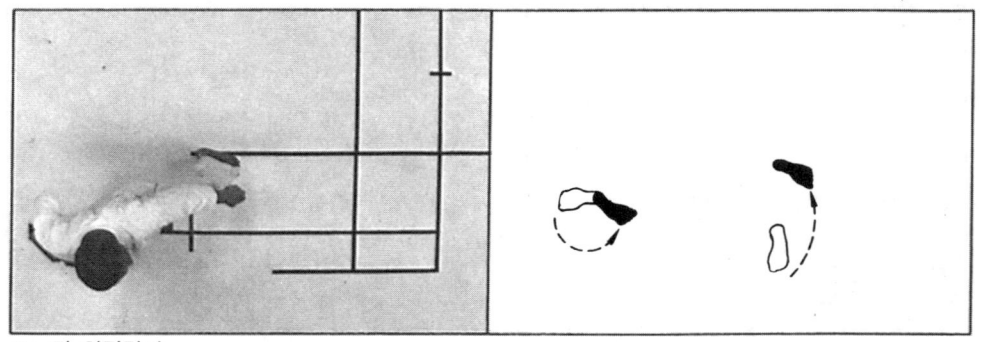

25. 좌 하단막기

26. 우권 상단 (역)지르기
발의 위치 그대로

상체를 약간 좌측으로 비튼다.

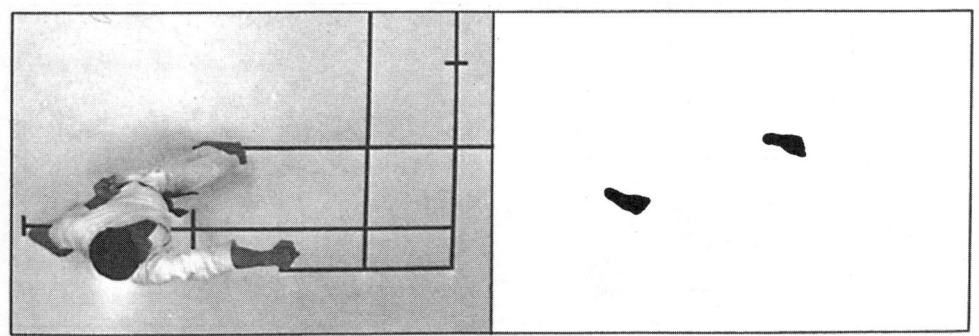

26. 우권 상단 (역)지르기

제3장 연비

27. 우권 좌측 어깨위 / 좌권 중단지르기
우측 다리서기(좌족 우측 발뒤꿈치 뒤 교차)

한 발 뛰어든다. 좌족 우측 발뒤꿈치 뒤 교차.

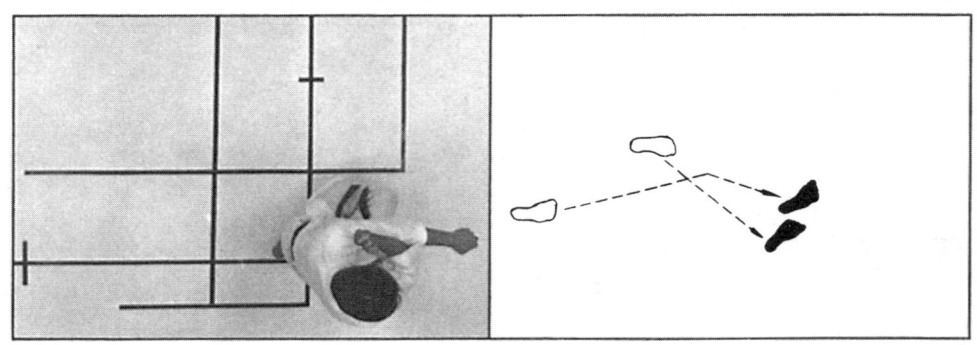

27. 우권 좌측 어깨위

28. 우 하단막기 / 좌권 좌측 허리
좌 무릎굽히기(뒤 전굴자세)

좌족을 한 발 뒤로 당긴다. 상체를 약간 좌측으로 넘어뜨린다.

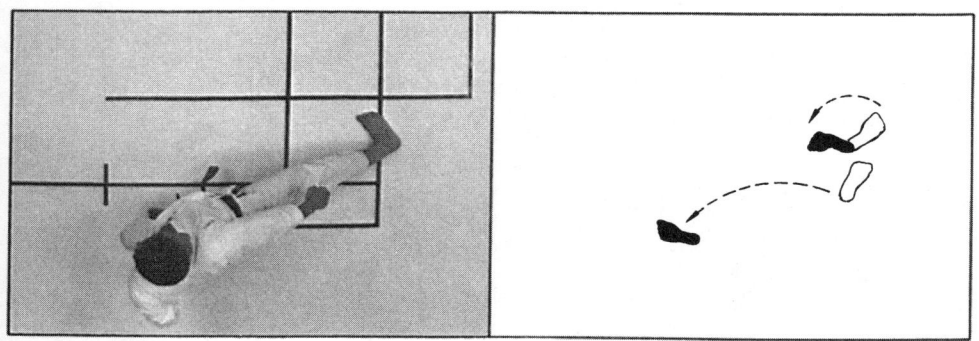

28. 우 하단막기

29 좌 하단막기 / 우권 우측 허리
좌 전굴자세

발의 위치 그대로, 뒤로 돌아다본다.

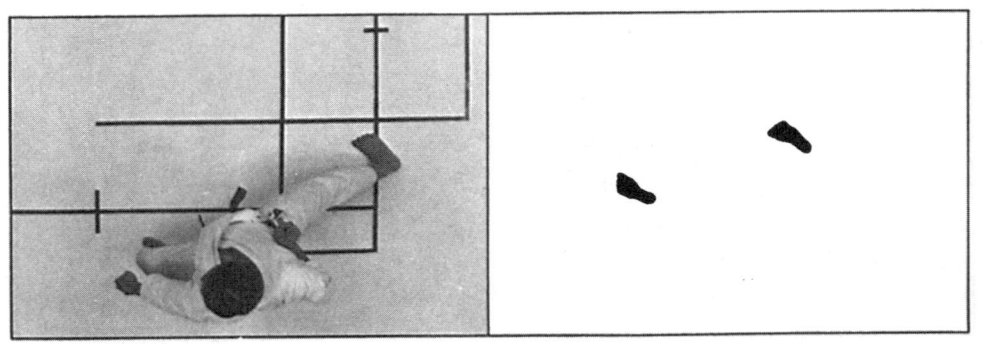

29. 좌 하단막기

30. 오른손바닥밑 중단 올려막기 / 좌권 좌측 허리

발의 위치 그대로

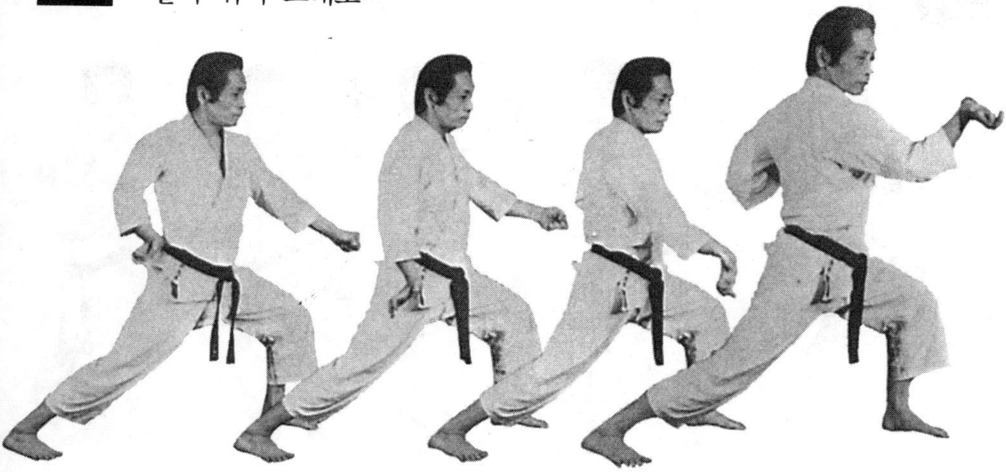

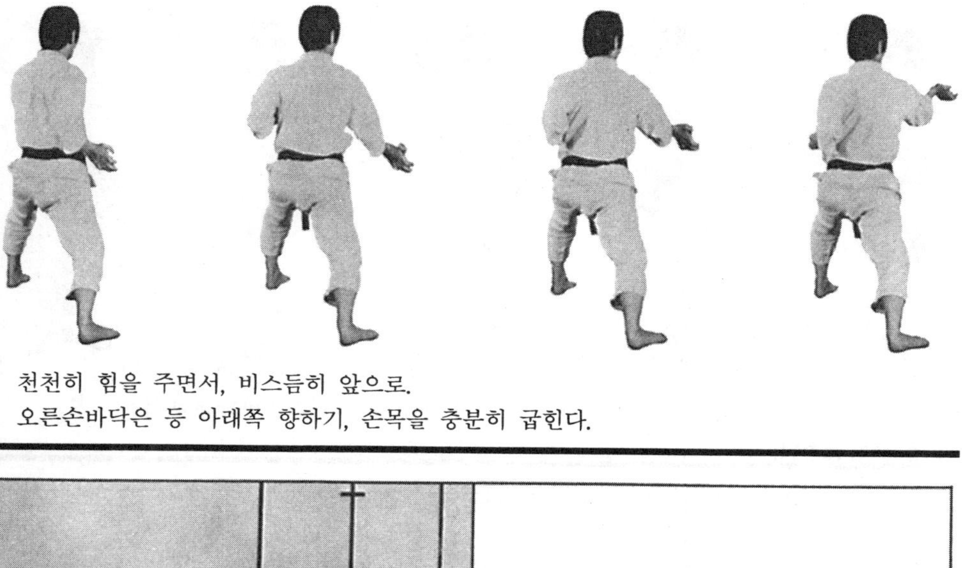

천천히 힘을 주면서, 비스듬히 앞으로.
오른손바닥은 등 아래쪽 향하기, 손목을 충분히 굽힌다.

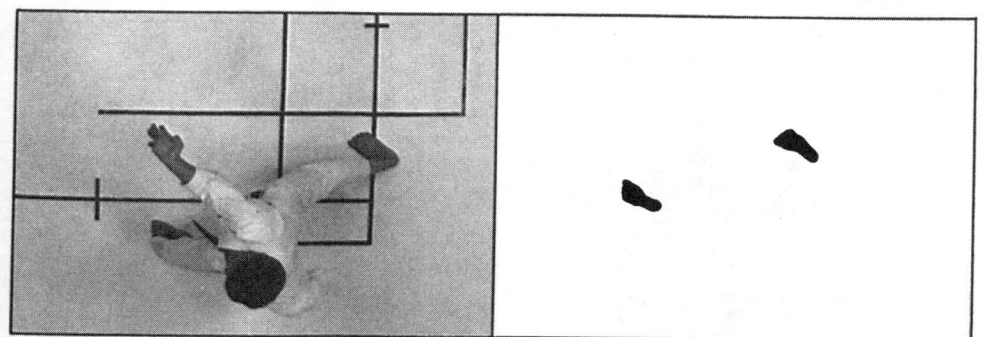

30. 오른손바닥밑 중단 올려막기

31 오른손바닥밑 중단 올려막기
왼손바닥 하단 눌러막기 / 우 전굴자세

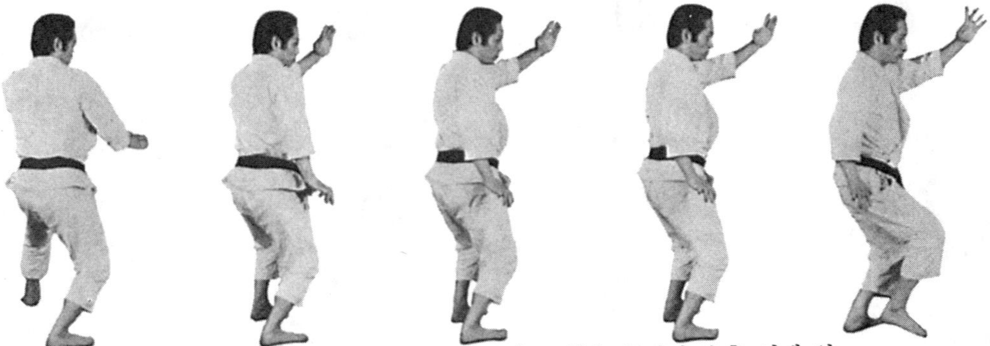

오른손바닥은 일단 우측 허리 앞에 가볍게 내리고, 힘을 주면서 우측 어깨 앞으로, 좌권은 벌려 좌측 어깨 앞에서 좌측 허리 앞에 내린다. 왼손바닥은 손목을 충분히 굽힌다.

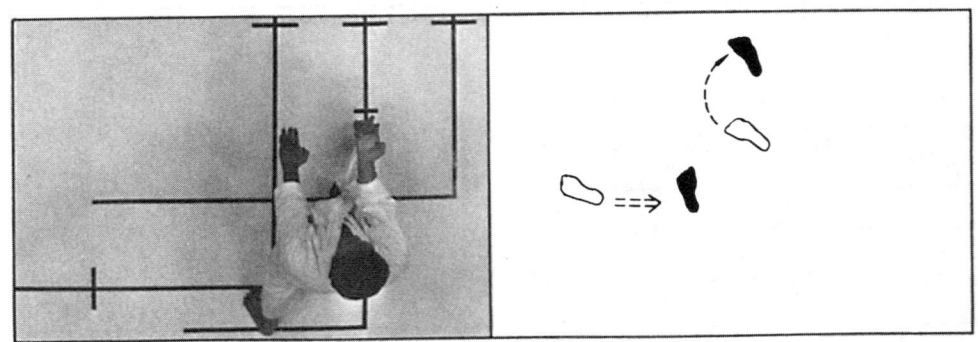

31. 오른손바닥밑 중단 올려막기

32. 왼손바닥밑 중단 올려막기
오른손바닥밑 하단 눌러막기 / 좌 전굴자세

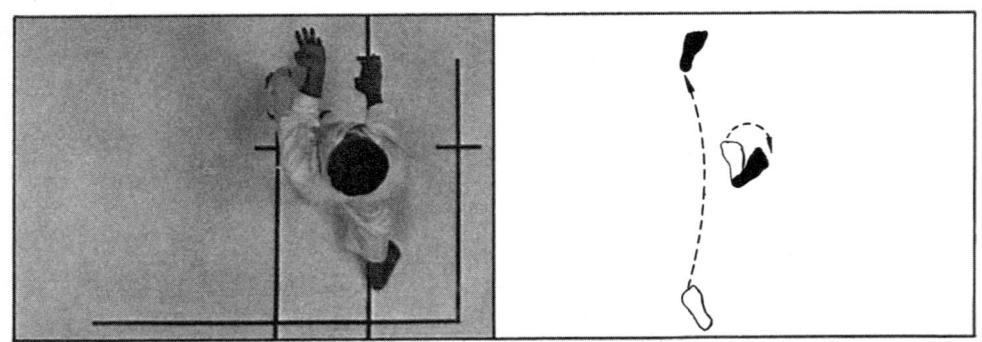

32. 왼손바닥밑 중단 올려막기

33. 오른손바닥밑 중단 올려막기
왼손바닥밑 하단 눌러막기 / 우 전굴자세

31~33거동은 좌우의 양권을 느릿하게 조이듯이, 또 발의 움직임에 맞춘다.

33. 오른손바닥밑 중단 올려막기

제3장 연비 135

34. 우권 하단막기 / 좌권 좌측 허리
좌 후굴자세

오른손바닥을 쥐고 좌측 어깨 앞에서 하단겨누기. 좌우의 양팔, 우측을 위로 빠듯하게 죄면서 신속히 행한다.

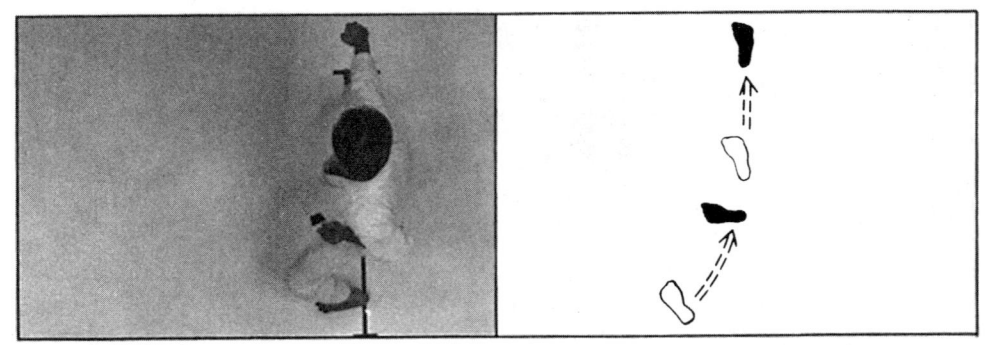

34. 우권 하단막기

35

오른손바닥 하단 밀어막기 (등 아래쪽 향하기)
왼손바닥 상단 잡아막기 (손바닥을 비스듬히 위쪽 향하기)
우 앞쪽 무릎굽히기 — 양손바닥 아구는 앞쪽 향하기 —

우권은 손바닥이 되게 하여, 손목을 젖히고, 팔꿈치를 굽혀 우측 옆구리로 끌어당긴다. 좌권도 손바닥이 되게 하여 손목을 젖혀 이마 앞으로. 상체는 약간 앞으로 넘어뜨린다.

35. 오른손바닥 하단 밀어막기

36. 우 수도 중단막기
좌 후굴자세

양족을 끼고 높이 좌회전 뛰기. 접지와 동시에 후굴자세가 된다. 양손바닥은 머리 위로 크게 반원을 그린다.

36. 우 수도 중단막기

제3장 연비

37. 좌 수도 중단막기
우 후굴자세

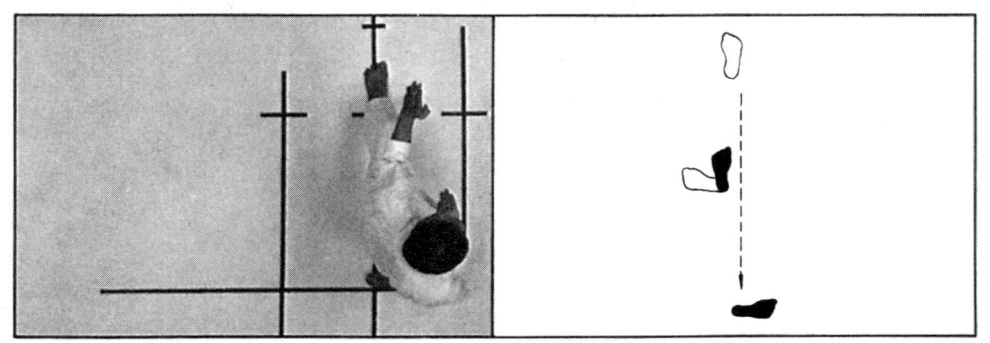

37. 좌 수도 중단막기

바로 !

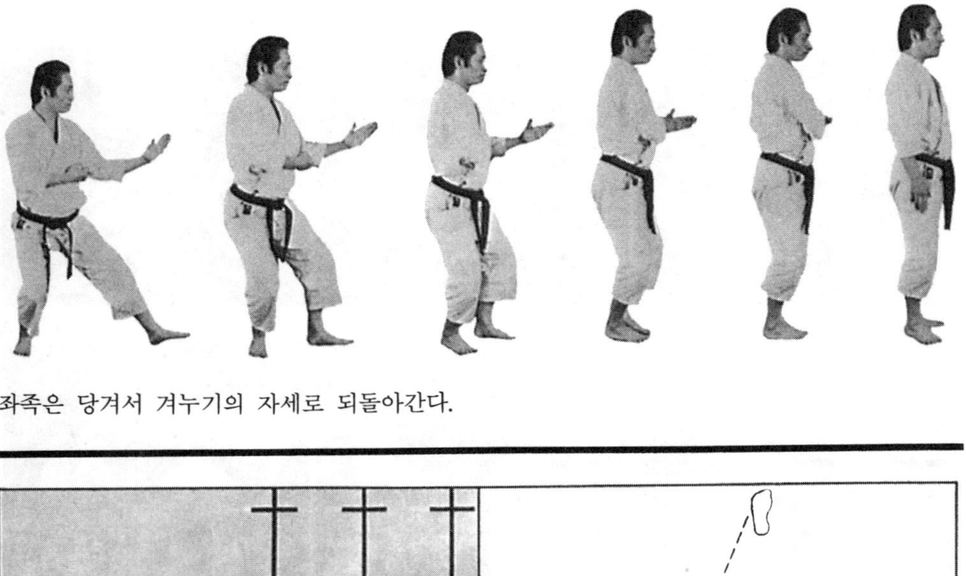

좌족은 당겨서 겨누기의 자세로 되돌아간다.

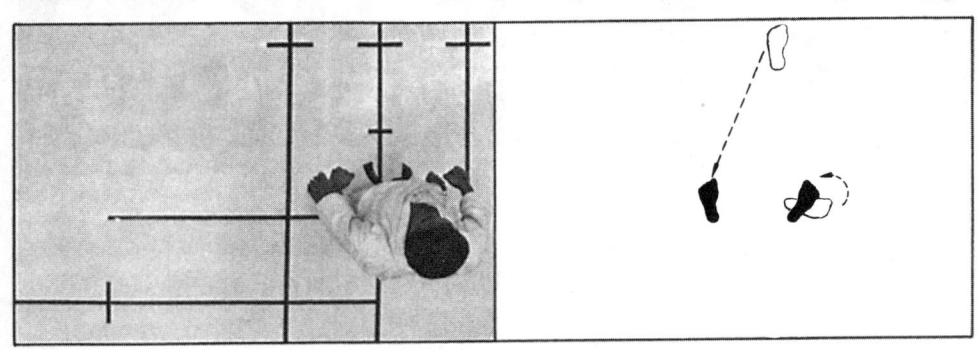

바로

제 3 장 연비

연비의 포인트

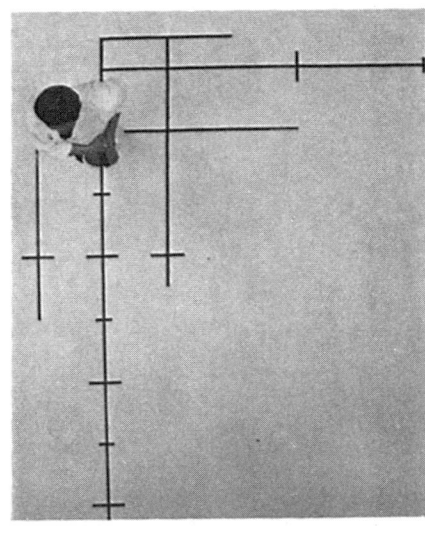

연비(燕飛)　37거동　약1분

상단을 밀어올려 상대를 붙잡고 끌어당기면서 뛰어들어 지르는 그 모양이 제비의 일고일저(一高一低), 몸을 날려 반전(反転) 등, 하늘을 날으는 것 같은 멋이 있으므로 연비(燕飛)라고 이름지었다. 경묘하고 준민한 형이다. 적과 대치하여 수가 막혔을 때 일부러 틈을 보이고, 적의 공격을 유도하는 것 같은 허실의 임기응변의 진퇴도 학습할 수 있다.

연비의 리듬

```
 1  2  3  4  5  6·7·8  9  10·11·12  13 14
15 16 17 18 19 20 21 22 23 24 25 26 27 28
29 30 31 32 33  34 35 36  37▲
```

거동 1 : 우측에서의 지르기는 왼손바닥으로 막아, 잡아 끌어당기면서 상대를 흩뜨리고, 동시에 좌족을 좌측으로 문질러내어 오른손목으로 무릎을 후리고 메친다(A). 정면에서의 차기를 다뤄 우측 앞팔로 막는다(B). 허리의 날카로운 좌전(左転)이 포인트이다. 좌족의 옆으로의 벌림, 우측 무릎이 무릎쏘아 자세, 오른팔의 후리기는 동시여야 한다.

거동 7   거동 8

거동 7 : 우권 상단지르기로 턱을 치고, 다시 주먹을 벌려 머릿카락 또는 멱살을 잡아, 끌어당기면서 뛰어들어 좌권으로 중단을 지른다. 교차서기는 정확히 좌족을 우측 발뒤꿈치 뒤쪽에 교차시켜서 끌어당긴다. 상단지르기 뒤 곧장 민속하게 뛰어드는 것이 중요하다. 뛰어들었을 때의 자세는 무릎을 굽혀서 몸을 낮춘 우측 다리로 모든 체중을 받치는 것이 포인트이다. 어떻게 허리를 낮게 낮추어도 우족의 발뒤꿈치보다 뒤로 당기지 않도록, 엉거주춤한 자세는 금물이다.

거동 8 : 거동 7로 지른 좌권을 상대에게 잡혔으므로, 상대의 팔을 막아 왼손을 빼낸다. 때로는 우측 수추(手槌)로 상대의 팔 급소(관절)를 치고 빼내는 수도 있다. 거동 7에서 8에는, 교차서기에서 후굴자세로 크게 허리를 앞뒤로 신속히 이동시키는 것이 중요하다. 오른손목은 좌측 앞팔 위를 지나고 비틀면서 하단막기.

연비의 포인트

거동 14-16 : 왼손바닥을 눈 높이로 올리면서, 좌족과 같이 좌측으로 옮겨 기마자세가 된다. 우족을 들 때는 좌측 무릎을 높이 올리는 기분으로. 왼팔꿈치와 좌측 무릎은 같은 간격으로 유지하면서 크게 천천히 돌리는 것이 중요하다. 왼손바닥은 좌측 비스듬히 앞쪽으로 높게, 눈은 언제나 왼손바닥을 주시하고 같이 돌린다. 상대와 대치하고, 같이 움직이지 않아 수가 막혔을 때, 의표를 찌르고 왼손바닥을 천천히 크게 움직인다. 오른손바닥을 치켜올려 왼손바닥에 쳐서 맞히고, 일부러 좌측 겨드랑이에 틈을 만들어서, 유인되어 돌진해 오는 지르기 손을 후려 반격한다. 왼손바닥을 유인에 쓰지 말고, 상대의 상단지르기를 막아 우권수봉(手棒)으로 안면을 강타할 때도 있다.

거동 34-35 : 왼손은 밑에서 오른손은 좌측 어깨 앞에서 서로 위아래로 꽉 죄도록(거동 34). 보내기 발로 나아가는 것과 동시에 오른팔꿈치를 굽히고(팔꿈치는 옆구리에 접하도록), 손바닥은 위를 향하여 왼손은 이마 앞으로(손바닥은 위쪽 향하기). 상단지르기를 왼손바닥으로 받치는 것과 동시에, 오른손을 상대의 대퇴에 넣고 양손으로 냅다 던진다. 후굴자세에서 차츰 체중을 앞으로 옮기면서 양손으로 상대를 어깨에 멘다.

무술·내공·건강 전문도서

서림 무술 시리즈

❶ 종합 태권도전서 　　　　김병운·김정록저 /35,000원
❷ 영한대역 태권도교범(1) 　김정록저 /7,000원
❸ 영한대역 태권도교범(2) 　김정록저 /7,000원
❹ 영한대역 태권도교범(3) 　김정록저 /7,000원
❺ 영한 태권도교본 　　　　김정록저 /20,000원
❻ 태권도심판론 　　　　　　한상진저 /8,000원
❼ 전통 무술택견 　　　　　송덕기저 /5,000원
❽ 실전 씨름교본 　　　　　김정록편저 /6,000원
❾ 스포츠용어사전 　　　　강태정편저 /9,500원
❿ 줄넘기백과 　　　　　　한국줄넘기협회 /12,000원
⓫ 비전합기도 　　　　　　김상덕저 /5,000원
⓬ 합기도과학 　　　　　　강태정역 /7,000원
⓭ 공수도백과 　　　　　　강태정역 /12,000원
⓮ 실전 공수도교범 　　　　최영의저 /4,000원
⓯ 정통 유도백과 　　　　　이성우역 /15,000원
⓰ 종합레슬링전서 　　　　서림편집부역 /12,000원
⓱ 회전무술교본 　　　　　명재옥저 /4,000원
⓲ 족술도교본 　　　　　　명재옥저 /4,000원
⓳ 이소룡의 쌍절곤백과 　　이소룡저 /8,000원
⓴ 쌍절곤교범 　　　　　　이봉기·김조웅저 /4,000원
㉑ 절권도(상) 　　　　　　이소룡저 /8,000원
㉒ 절권도(하) 　　　　　　이소룡저 /8,000원
㉓ 이소룡과 영춘권법 　　　이영복역편 /3,000원
㉔ 당랑적요격투기(I) 　　　이봉철저 /4,000원
㉕ 당랑권법(혹혹출동권) 　 박종관저 /3,000원
㉖ 격투발차기 　　　　　　조희근저 /4,000원
㉗ 양가태극권교본 　　　　박종관저 /6,000원
㉘ 진가태극권 　　　　　　조은훈감수 /3,000원
㉙ 우슈태극권교본 　　　　박종관편저 /5,000원
㉚ 우슈남권교본 　　　　　박종관편저 /5,000원
㉛ 우슈장권교본 　　　　　박종관편저 /5,000원
㉜ 최신 검도기법 　　　　　편집부역 /4,500원
㉝ 검술교본 　　　　　　　김상덕역 /4,000원
㉞ 도술교본 　　　　　　　김상덕역 /4,000원
㉟ 곤술교본 　　　　　　　김상덕역 /4,000원
㊱ 창술교본 　　　　　　　김상덕역 /3,000원
㊲ 당랑권법 쌍풍권 　　　　소신당저 /4,500원
㊳ 당랑권법 매화권 　　　　소신당저 /5,000원
㊴ 당랑권법 금강권 　　　　소신당저 /4,500원
㊵ 내공팔극권(북파소림권) 　무림편집부역 /5,000원
㊶ 쿵후교범(상) 　　　　　조은훈저 /7,000원
㊷ 쿵후교범(하) 　　　　　조은훈저 /7,000원
㊸ 사학비권 　　　　　　　조은훈저 /6,000원
㊹ 이소룡의 생애와 무술과 사랑 　정화편 /6,000원

서림 내공·건강 시리즈

❶ 내공·양생술전서 　　　　석원태저 /8,000원
❷ 기공법과 차력술 　　　　박종관저 /8,000원
❸ 선도내공술 　　　　　　경기공추광단 /4,500원
❹ 소림내공술(I) 　　　　　경기공추광단 /5,000원
❺ 중국의료기공 　　　　　박종관저 /6,000원
❻ 금선증론 　　　　　　　유화양 /8,000원
❼ 혜명경 　　　　　　　　유화양 /8,000원
❽ 천선정리 　　　　　　　오수양저 /8,000원
❾ 선불합종 　　　　　　　오수양저 /7,000원
❿ 포박자(내편 1) 　　　　갈홍저 /8,000원
⓫ 포박자(내편 2) 　　　　갈홍저 /8,000원
⓬ 포박자(외편 1) 　　　　갈홍저 /8,000원
⓭ 포박자(외편 2) 　　　　갈홍저 /8,000원
⓮ 포박자(외편 3) 　　　　갈홍저 /8,000원
⓯ 혐묘지도 　　　　　　　문경섭저 /8,000원
⓰ 발경의 과학 　　　　　강태정역 /8,000원
⓱ 선단식(仙斷食)조기법 　박종관저 /6,000원
⓲ 실용 단식건강법 　　　　박종관저 /4,000원
⓳ 36시간 단식법 　　　　 편집부편 /3,000원
⓴ 7일완성 단식법 　　　　김주호역 /2,500원
㉑ 체질탐구 　　　　　　　최병일저 /5,000원
㉒ 태국 안마요법 　　　　　박종관저 /4,000원
㉓ 실용 지압치료법 　　　　박종관저 /4,500원
㉔ 지압건강법 　　　　　　서림편집부 /4,000원
㉕ 지압과 뜸 　　　　　　서림편집부 /4,000원
㉖ 발지압 맛사지 치료법 　강태정역 /3,000원
㉗ 자기지압·맛사지·경혈체조 김주호역 /2,500원
㉘ 자가진단법 　　　　　　김영호저 /6,000원
㉙ 백만인의 요가 　　　　　김주호역 /4,000원
㉚ 기공치료와 호흡건강법 　김주호역 /3,000원
㉛ 단전호흡 건강법 　　　　김주호역 /4,000원
㉜ 약이 되는 자연식 　　　　이태우저 /4,000원
㉝ 새시대의 건강전략 　　　이상택저 /6,000원
㉞ 성인병 정복의 길 　　　　이상택저 /4,500원

 서림문화사

서울시 종로6가 213-1 (영안빌딩 405호) 전화 (02) 763-1445, 742-7070 팩스 (02) 745-4802

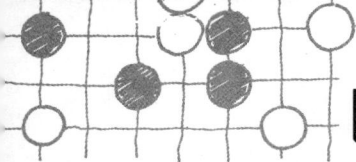

바둑전문도서

서림바둑 시리즈

1. 당신도 바둑을 둘 수 있다 — 유병호 감수 /4,000원
2. 알기 쉬운 초급바둑 — 유병호 감수 /4,000원
3. 이것이 포석이다 — 유병호 감수 /4,000원
4. 1급으로 가는 포석전략 — 유병호 감수 /4,000원
5. 실력향상 테스트 — 가토마사오 저 /4,000원
6. 이것이 정석이다 — 유병호 감수 /4,000원
7. 바둑정석의 모든 것 — 유병호 감수 /4,000원
8. 중반의 전략과 전투 — 유병호 감수 /4,000원
9. 속임수 격파작전 — 유병호 감수 /4,000원
10. 접바둑 비결 — 유병호 감수 /4,000원
11. 최신 바둑 첫걸음 — 편집부 역 /4,000원
12. 포석의 한수 — 편집부 역 /4,000원
13. 중반전의 필승전략(상) — 편집부 역 /4,000원
14. 중반전의 필승전략(하) — 편집부 역 /4,000원
15. 상급바둑의 길잡이 — 편집부 역 /4,000원
16. 암수를 피하는 길 — 가토마사오 저 /4,000원
17. 사활의 기초입문 — 임해봉 저 /4,000원
18. 끝내기 기법 — 구토노리오 저 /4,000원
19. 1급으로 가는 정석 — 이시다 요시오 저 /4,000원
20. 1급으로 가는 포석 — 다케미야 마사키 저 /4,000원
21. 1급으로 가는 맥점 — 가토 마사오 저 /4,000원
22. 1급으로 가는 실력 테스트 — 편집부 편 /4,000원
23. 3급으로 가는 정석 — 다케미야 마사키 저 /4,000원
24. 3급으로 가는 포석 — 가토 마사오 저 /4,000원
25. 3급으로 가는 맥점 — 이시다 요시오 저 /4,000원
26. 3급으로 가는 실력 테스트 — 편집부 편 /4,000원
27. 5급으로 가는 정석 — 이시다 요시오 저 /4,000원
28. 5급으로 가는 포석 — 다케미야 마사키 저 /4,000원
29. 5급으로 가는 맥점 — 가토 마사오 저 /4,000원
30. 5급으로 가는 실력 테스트 — 편집부 편 /4,000원
31. 9급으로 가는 정석 — 이시다 요시오 저 /4,000원
32. 9급으로 가는 포석 — 가토 마사오 저 /4,000원
33. 9급으로 가는 맥점 — 다케미야 마사키 저 /4,000원
34. 9급으로 가는 실력 테스트 — 편집부 편 /4,000원
35. 7급으로 가는 정석 — 다케미야 마사키 저 /4,000원
36. 7급으로 가는 포석 — 이시다 요시오 저 /4,000원
37. 7급으로 가는 맥점 — 가토 마사오 저 /4,000원
38. 7급으로 가는 실력 테스트 — 편집부 편 /4,000원
39. 승단으로 가는 정석 — 임해봉 저 /4,000원
40. 승단으로 가는 포석 — 오다케 시데오 저 /4,000원
41. 승단으로 가는 맥점 — 이시다 요시오 저 /4,000원
42. 승단으로 가는 실력 테스트 — 편집부 편 /4,000원

서림바둑 소사전 시리즈

1. 화점정석 소사전 — 일본기원 저 /4,000원
2. 포석 소사전 — 일본기원 저 /4,000원
3. 정석이후 소사전 — 일본기원 저 /4,000원
4. 함정수대책 소사전 — 일본기원 저 /4,000원
5. 소목·고목·외목 소사전 — 일본기원 저 /4,000원
6. 맥점 소사전 — 일본기원 저 /4,000원
7. 사활 소사전 — 일본기원 저 /4,000원
8. 접바둑 소사전 — 일본기원 저 /4,000원
9. 끝내기 소사전 — 일본기원 저 /4,000원

서림 어린이 바둑 시리즈

1. 바둑 첫걸음 — 일본기원 저 /3,500원
2. 집짓기와 정석 — 일본기원 저 /3,500원
3. 사활과 싸움 — 일본기원 저 /3,500원

서림 바둑사전 시리즈

1. 현대 정석 총해 — 임해봉 저 /9,500원
2. 현대 포석 총해 — 이시다 요시오 저 /9,500원
3. 현대 맥점 총해 — 가토 마사오 저 /9,500원
4. 접바둑 총해 I — 이시다 요시오 저 /11,000원
5. 접바둑 총해 II — 이시다 요시오 저 /11,000원
6. 관자보 — 박재삼 편역 /9,500원
7. 현현기경 — 박재삼 편역 /9,500원
8. 기경중묘 — 박재삼 편역 /9,500원

오늘의 바둑신서

1. 조훈현 추억의 승부 — 조훈현 편저 /5,000원
2. 조훈현 집념의 승전보 — 조훈현 편저 /5,000원
3. 조훈현 대 서봉수 — 박재삼 편 /4,500원
4. 한국 정상의 대결1 — 박재삼 편 /4,500원
5. 한국 정상의 대결2 — 박재삼 편 /4,500원
6. 한국 정상의 대결3 — 박재삼 편 /4,500원

서림문화사

서울시 종로6가 213-1 (영안빌딩 405호) 전화(02)763-1445, 742-7070 팩스(02)745-4802

감수자／명재옥

1938. 12. 31.　전남 강진에서 출생
1965. 4.　　공수도 5단
1965. 9. 15.　합기도 제 1 연무관 개설
1968. 11. 9.　합기도 심사위원장
1974. 5.　　합기도 관장회의장
1981. 3. 9.　합기도 이사 겸 부회장
1984. 1.　　합기도 10단 승단
1986. 1. 1.　족술도 창시(道主)
1986. 1. 1.　회전무술(도) 창시(道主)
1986. 5. 5.　회전무술 족술도 무재(武宰) 취임
1986. 6. 9.　족술도 교본 저작
1987. 3. 15.　세계 회전무술회 총본부장 취임
1987. 4.　　회전무술 교본 저작
1988. 5. 5.　회전 검술도 창시
1988. 5. 5.　회전 검술도 교본 저작
1988. 5. 5.　회전 봉술도 창시
1988. 5. 5.　회전 봉술도 교본 저작
1994. 5. 5.　경호무도 창시
1995. 5. 5.　세계 경호무도연맹 총재 취임

※ 연락처 : (02) 617－6800 / 619－5333

베스트 空手道全書 7　　　　값 9,000원

1판2쇄　2019년 1월 30일 인쇄
1판2쇄　2019년 2월 05일 발행

저　　자/ 中山正敏(나카야마 마사도시)
독　　자/ 姜 泰 鼎
감 수 자/ 明 在 玉

발 행 처/ 서림문화사
발 행 자/ 신 종 호
주　　소/ 경기도 파주시 광탄면 장지산로 278번길 68
홈페이지/ http://www.kung-fu.co.kr
전　　화/ (02)763-1445, 742-7070
팩시밀리/ (02)745-4802

등　　록/ 제 406-3000000251001975000017 호(1975.12.1)
특허청 상호등록/ 022307호

이 책은 日本 講談社와 韓國語版 발행을 독점계약하였습니다.
ⓒ1995. 講談社(Kodansha International Ltd.), Printed in Korea
ISBN 978-89-7186-412-8 93690